# INDONÉSIO
## VOCABULÁRIO

**PALAVRAS MAIS ÚTEIS**

# PORTUGUÊS
# INDONÉSIO

Para alargar o seu léxico e apurar
as suas competências linguísticas

## 7000 palavras

# Vocabulário Português-Indonésio - 7000 palavras

Por Andrey Taranov

Os vocabulários da T&P Books destinam-se a ajudar a aprender, a memorizar, e a rever palavras estrangeiras. O dicionário é dividido em temas, cobrindo todas as principais esferas de atividades quotidianas, negócios, ciência, cultura, etc.

O processo de aprendizagem, utilizando os dicionários baseados em temáticas da T&P Books dá-lhe as seguintes vantagens:

- Informação de origem corretamente agrupada predetermina o sucesso em fases subsequentes da memorização de palavras
- Disponibilização de palavras derivadas da mesma raiz, o que permite a memorização de unidades de texto (em vez de palavras separadas)
- Pequenas unidades de palavras facilitam o processo de estabelecimento de vínculos associativos necessários para a consolidação do vocabulário
- O nível de conhecimento da língua pode ser estimado pelo número de palavras aprendidas

T&P Books Publishing
www.tpbooks.com

ISBN: 978-1-78616-508-4

Este livro também está disponível em formato E-book.
Por favor visite www.tpbooks.com ou as principais livrarias on-line.

# VOCABULÁRIO INDONÉSIO
## palavras mais úteis

Os vocabulários da T&P Books destinam-se a ajudar a aprender, a memorizar, e a rever palavras estrangeiras. O vocabulário contém mais de 7000 palavras de uso comum organizadas tematicamente.

O vocabulário contém as palavras mais comummente usadas
Recomendado como adicional para qualquer curso de línguas
Satisfaz as necessidades dos iniciados e dos alunos avançados de línguas estrangeiras
Conveniente para o uso diário, sessões de revisão e atividades de auto-teste
Permite avaliar o seu vocabulário

## Características especias do vocabulário

· As palavras estão organizadas de acordo com o seu significado, e não por ordem alfabética
· As palavras são apresentadas em três colunas para facilitar os processos de revisão e auto-teste
· As palavras compostas são divididas em pequenos blocos para facilitar o processo de aprendizagem
· O vocabulário oferece uma transcrição simples e adequada de cada palavra estrangeira

## O vocabulário contém 198 tópicos incluindo:

Conceitos básicos, Números, Cores, Meses, Estações do ano, Unidades de medida, Roupas & Acessórios, Alimentos & Nutrição, Restaurante, Membros da Família, Parentes, Caráter, Sentimentos, Emoções, Doenças, Cidade, Passeios, Compras, Dinheiro, Casa, Lar, Escritório, Trabalho no Escritório, Importação & Exportação, Marketing, Pesquisa de Emprego, Desportos, Educação, Computador, Internet, Ferramentas, Natureza, Países, Nacionalidades e muito mais ...

# TABELA DE CONTEÚDOS

# GUIA DE PRONUNCIAÇÃO

| Letra | Exemplo indonésio | Alfabeto fonético T&P | Exemplo Português |
|---|---|---|---|
| Aa | zaman | [a] | chamar |
| Bb | besar | [b] | barril |
| Cc | kecil, cepat | [ʧ] | Tchau! |
| Dd | dugaan | [d] | dentista |
| Ee | segera, mencium | [e], [ə] | mover |
| Ff | berfungsi | [f] | safári |
| Gg | juga, lagi | [g] | gosto |
| Hh | hanya, bahwa | [h] | [h] aspirada |
| Ii | izin, sebagai ganti | [i], [j] | sinónimo, géiser |
| Jj | setuju, ijin | [ʤ] | tajique |
| Kk | kemudian, tidak | [k], [ˀ] | kiwi, oclusiva glotal |
| Ll | dilarang | [l] | libra |
| Mm | melihat | [m] | magnólia |
| Nn | berenang | [n], [ŋ] | natureza, alcançar |
| Oo | toko roti | [o:] | albatroz |
| Pp | peribahasa | [p] | presente |
| Qq | Aquarius | [k] | kiwi |
| Rr | ratu, riang | [r] | [r] vibrante |
| Ss | sendok, syarat | [s], [ʃ] | sanita, mês |
| Tt | tamu, adat | [t] | tulipa |
| Uu | ambulans | [u] | bonita |
| Vv | renovasi | [v] | fava |
| Ww | pariwisata | [w] | página web |
| Xx | boxer | [ks] | perplexo |
| Yy | banyak, syarat | [j] | géiser |
| Zz | zamrud | [z] | sésamo |

## Combinações de letras

| aa | maaf | [aˀa] | a+oclusiva glotal |
|---|---|---|---|
| kh | khawatir | [h] | [h] aspirada |
| th | Gereja Lutheran | [t] | tulipa |
| -k | tidak | [ˀ] | oclusiva glotal |

# ABREVIATURAS
## usadas no vocabulário

## Abreviaturas do Português

| | | |
|---|---|---|
| adj | - | adjetivo |
| adv | - | advérbio |
| anim. | - | animado |
| conj. | - | conjunção |
| desp. | - | desporto |
| etc. | - | etecetra |
| ex. | - | por exemplo |
| f | - | nome feminino |
| f pl | - | feminino plural |
| fem. | - | feminino |
| inanim. | - | inanimado |
| m | - | nome masculino |
| m pl | - | masculino plural |
| m, f | - | masculino, feminino |
| masc. | - | masculino |
| mat. | - | matemática |
| mil. | - | militar |
| pl | - | plural |
| prep. | - | preposição |
| pron. | - | pronome |
| sb. | - | sobre |
| sing. | - | singular |
| v aux | - | verbo auxiliar |
| vi | - | verbo intransitivo |
| vi, vt | - | verbo intransitivo, transitivo |
| vr | - | verbo reflexivo |
| vt | - | verbo transitivo |

# CONCEITOS BÁSICOS

## Conceitos básicos. Parte 1

### 1. Pronomes

| | | |
|---|---|---|
| eu | saya, aku | [saja], [aku] |
| tu | engkau, kamu | [eŋkau], [kamu] |
| ele, ela | beliau, dia, ia | [beliau], [dia], [ia] |
| | | |
| nós | kami, kita | [kami], [kita] |
| vocês | kalian | [kalian] |
| você (sing.) | Anda | [anda] |
| você (pl) | Anda sekalian | [anda sekalian] |
| eles, elas | mereka | [mereka] |

### 2. Cumprimentos. Saudações. Despedidas

| | | |
|---|---|---|
| Olá! | Halo! | [halo!] |
| Bom dia! (formal) | Halo! | [halo!] |
| Bom dia! (de manhã) | Selamat pagi! | [slamat pagi!] |
| Boa tarde! | Selamat siang! | [slamat siaŋ!] |
| Boa noite! | Selamat sore! | [slamat sore!] |
| | | |
| cumprimentar (vt) | menyapa | [mənjapa] |
| Olá! | Hai! | [hey!] |
| saudação (f) | sambutan, salam | [sambutan], [salam] |
| saudar (vt) | menyambut | [mənjambut] |
| Como vai? | Apa kabar? | [apa kabar?] |
| O que há de novo? | Apa yang baru? | [apa yaŋ baru?] |
| | | |
| Adeus! (formal) | Selamat tinggal! | [slamat tiŋgal!], |
| | Selamat jalan! | [slamat dʒˈalan!] |
| Até à vista! (informal) | Dadah! | [dadah!] |
| Até breve! | Sampai bertemu lagi! | [sampaj bərtemu lagi!] |
| Adeus! (sing.) | Sampai jumpa! | [sampaj dʒˈumpa!] |
| Adeus! (pl) | Selamat tinggal! | [slamat tiŋgal!] |
| despedir-se (vr) | berpamitan | [bərpamitan] |
| Até logo! | Sampai nanti! | [sampaj nanti!] |
| | | |
| Obrigado! -a! | Terima kasih! | [tərima kasih!] |
| Muito obrigado! -a! | Terima kasih banyak! | [tərima kasih banjaʔ!] |
| De nada | Kembali! Sama-sama! | [kembali!], [sama-sama!] |
| Não tem de quê | Kembali! | [kembali!] |
| De nada | Kembali! | [kembali!] |
| Desculpa! -pe! | Maaf, … | [maʔaf, …] |
| desculpar (vt) | memaafkan | [memaʔafkan] |

| desculpar-se (vr) | meminta maaf | [meminta ma'af] |
| As minhas desculpas | Maafkan saya | [ma'afkan saja] |
| Desculpe! | Maaf! | [ma'af!] |
| perdoar (vt) | memaafkan | [mema'afkan] |
| Não faz mal | Tidak apa-apa! | [tida' apa-apa!] |
| por favor | tolong | [toloŋ] |

| Não se esqueça! | Jangan lupa! | [dʒ'aŋan lupa!] |
| Certamente! Claro! | Tentu! | [tentu!] |
| Claro que não! | Tentu tidak! | [tentu tida'!] |
| Está bem! De acordo! | Baiklah! Baik! | [bajklah!], [baj'!] |
| Basta! | Cukuplah! | [tʃukuplah!] |

## 3. Números cardinais. Parte 1

| zero | nol | [nol] |
| um | satu | [satu] |
| dois | dua | [dua] |
| três | tiga | [tiga] |
| quatro | empat | [empat] |

| cinco | lima | [lima] |
| seis | enam | [enam] |
| sete | tujuh | [tudʒ'uh] |
| oito | delapan | [delapan] |
| nove | sembilan | [sembilan] |

| dez | sepuluh | [sepuluh] |
| onze | sebelas | [sebelas] |
| doze | dua belas | [dua belas] |
| treze | tiga belas | [tiga belas] |
| catorze | empat belas | [empat belas] |

| quinze | lima belas | [lima belas] |
| dezasseis | enam belas | [enam belas] |
| dezassete | tujuh belas | [tudʒ'uh belas] |
| dezoito | delapan belas | [delapan belas] |
| dezanove | sembilan belas | [sembilan belas] |

| vinte | dua puluh | [dua puluh] |
| vinte e um | dua puluh satu | [dua puluh satu] |
| vinte e dois | dua puluh dua | [dua puluh dua] |
| vinte e três | dua puluh tiga | [dua puluh tiga] |

| trinta | tiga puluh | [tiga puluh] |
| trinta e um | tiga puluh satu | [tiga puluh satu] |
| trinta e dois | tiga puluh dua | [tiga puluh dua] |
| trinta e três | tiga puluh tiga | [tiga puluh tiga] |

| quarenta | empat puluh | [empat puluh] |
| quarenta e um | empat puluh satu | [empat puluh satu] |
| quarenta e dois | empat puluh dua | [empat puluh dua] |
| quarenta e três | empat puluh tiga | [empat puluh tiga] |
| cinquenta | lima puluh | [lima puluh] |

| | | |
|---|---|---|
| cinquenta e um | **lima puluh satu** | [lima puluh satu] |
| cinquenta e dois | **lima puluh dua** | [lima puluh dua] |
| cinquenta e três | **lima puluh tiga** | [lima puluh tiga] |
| | | |
| sessenta | **enam puluh** | [enam puluh] |
| sessenta e um | **enam puluh satu** | [enam puluh satu] |
| sessenta e dois | **enam puluh dua** | [enam puluh dua] |
| sessenta e três | **enam puluh tiga** | [enam puluh tiga] |
| | | |
| setenta | **tujuh puluh** | [tudʒʲuh puluh] |
| setenta e um | **tujuh puluh satu** | [tudʒʲuh puluh satu] |
| setenta e dois | **tujuh puluh dua** | [tudʒʲuh puluh dua] |
| setenta e três | **tujuh puluh tiga** | [tudʒʲuh puluh tiga] |
| | | |
| oitenta | **delapan puluh** | [delapan puluh] |
| oitenta e um | **delapan puluh satu** | [delapan puluh satu] |
| oitenta e dois | **delapan puluh dua** | [delapan puluh dua] |
| oitenta e três | **delapan puluh tiga** | [delapan puluh tiga] |
| | | |
| noventa | **sembilan puluh** | [sembilan puluh] |
| noventa e um | **sembulan puluh satu** | [sembulan puluh satu] |
| noventa e dois | **sembilan puluh dua** | [sembilan puluh dua] |
| noventa e três | **sembilan puluh tiga** | [sembilan puluh tiga] |

## 4. Números cardinais. Parte 2

| | | |
|---|---|---|
| cem | **seratus** | [seratus] |
| duzentos | **dua ratus** | [dua ratus] |
| trezentos | **tiga ratus** | [tiga ratus] |
| quatrocentos | **empat ratus** | [empat ratus] |
| quinhentos | **lima ratus** | [lima ratus] |
| | | |
| seiscentos | **enam ratus** | [enam ratus] |
| setecentos | **tujuh ratus** | [tudʒʲuh ratus] |
| oitocentos | **delapan ratus** | [delapan ratus] |
| novecentos | **sembilan ratus** | [sembilan ratus] |
| | | |
| mil | **seribu** | [seribu] |
| dois mil | **dua ribu** | [dua ribu] |
| De quem são ...? | **tiga ribu** | [tiga ribu] |
| dez mil | **sepuluh ribu** | [sepuluh ribu] |
| cem mil | **seratus ribu** | [seratus ribu] |
| um milhão | **juta** | [dʒʲuta] |
| mil milhões | **miliar** | [miliar] |

## 5. Números. Frações

| | | |
|---|---|---|
| fração (f) | **pecahan** | [petʃahan] |
| um meio | **seperdua** | [seperdua] |
| um terço | **sepertiga** | [sepertiga] |
| um quarto | **seperempat** | [seperempat] |
| um oitavo | **seperdelapan** | [seperdelapan] |

| um décimo | sepersepuluh | [sepersepuluh] |
| dois terços | dua pertiga | [dua pərtiga] |
| três quartos | tiga perempat | [tiga pərempat] |

## 6. Números. Operações básicas

| subtração (f) | pengurangan | [peŋuraŋan] |
| subtrair (vi, vt) | mengurangkan | [məŋuraŋkan] |
| divisão (f) | pembagian | [pembagian] |
| dividir (vt) | membagi | [membagi] |

| adição (f) | penambahan | [penambahan] |
| somar (vt) | menambahkan | [mənambahkan] |
| adicionar (vt) | menambahkan | [mənambahkan] |
| multiplicação (f) | pengalian | [peŋalian] |
| multiplicar (vt) | mengalikan | [məŋalikan] |

## 7. Números. Diversos

| algarismo, dígito (m) | angka | [aŋka] |
| número (m) | nomor | [nomor] |
| numeral (m) | kata bilangan | [kata bilaŋan] |
| menos (m) | minus | [minus] |
| mais (m) | plus | [plus] |
| fórmula (f) | rumus | [rumus] |

| cálculo (m) | perhitungan | [pərhituŋan] |
| contar (vt) | menghitung | [məŋhituŋ] |
| calcular (vt) | menghitung | [məŋhituŋ] |
| comparar (vt) | membandingkan | [membandiŋkan] |

| Quanto, -os, -as? | Berapa? | [bərapa?] |
| soma (f) | jumlah | [dʒʲumlah] |
| resultado (m) | hasil | [hasil] |
| resto (m) | sisa, baki | [sisa], [baki] |
| alguns, algumas … | beberapa | [beberapa] |
| um pouco de … | sedikit | [sedikit] |
| resto (m) | selebihnya, sisanya | [selebihnja], [sisanja] |
| um e meio | satu setengah | [satu setəŋah] |
| dúzia (f) | lusin | [lusin] |

| ao meio | dua bagian | [dua bagian] |
| em partes iguais | rata | [rata] |
| metade (f) | setengah | [setəŋah] |
| vez (f) | kali | [kali] |

## 8. Os verbos mais importantes. Parte 1

| abrir (vt) | membuka | [membuka] |
| acabar, terminar (vt) | mengakhiri | [məŋahiri] |

| | | |
|---|---|---|
| aconselhar (vt) | menasihati | [mənasihati] |
| adivinhar (vt) | menerka | [mənerka] |
| advertir (vt) | memperingatkan | [memperiŋatkan] |

| | | |
|---|---|---|
| ajudar (vt) | membantu | [membantu] |
| almoçar (vi) | makan siang | [makan siaŋ] |
| alugar (~ um apartamento) | menyewa | [mənjewa] |
| amar (vt) | mencintai | [məntʃintaj] |
| ameaçar (vt) | mengancam | [məŋantʃam] |

| | | |
|---|---|---|
| anotar (escrever) | mencatat | [məntʃatat] |
| apanhar (vt) | menangkap | [mənaŋkap] |
| apressar-se (vr) | tergesa-gesa | [tərgesa-gesa] |
| arrepender-se (vr) | menyesal | [mənjesal] |
| assinar (vt) | menandatangani | [mənandataŋani] |

| | | |
|---|---|---|
| atirar, disparar (vi) | menembak | [mənembaʔ] |
| brincar (vi) | bergurau | [bərgurau] |
| brincar, jogar (crianças) | bermain | [bərmajn] |
| buscar (vt) | mencari ... | [məntʃari ...] |
| caçar (vi) | berburu | [bərburu] |

| | | |
|---|---|---|
| cair (vi) | jatuh | [dʒʲatuh] |
| cavar (vt) | menggali | [məŋgali] |
| cessar (vt) | menghentikan | [məɲhentikan] |
| chamar (~ por socorro) | memanggil | [memaŋgil] |
| chegar (vi) | datang | [dataŋ] |
| chorar (vi) | menangis | [mənaŋis] |

| | | |
|---|---|---|
| começar (vt) | memulai, membuka | [memulaj], [membuka] |
| comparar (vt) | membandingkan | [membandiŋkan] |
| compreender (vt) | mengerti | [məŋerti] |
| concordar (vi) | setuju | [setudʒʲu] |
| confiar (vt) | mempercayai | [mempertʃajaj] |

| | | |
|---|---|---|
| confundir (equivocar-se) | bingung membedakan | [biŋuŋ membedakan] |
| conhecer (vt) | kenal | [kenal] |
| contar (fazer contas) | menghitung | [məɲhituŋ] |
| contar com (esperar) | mengharapkan ... | [məɲharapkan ...] |
| continuar (vt) | meneruskan | [məneruskan] |

| | | |
|---|---|---|
| controlar (vt) | mengontrol | [məŋontrol] |
| convidar (vt) | mengundang | [məŋundaŋ] |
| correr (vi) | lari | [lari] |
| criar (vt) | menciptakan | [məntʃiptakan] |
| custar (vt) | berharga | [bərharga] |

## 9. Os verbos mais importantes. Parte 2

| | | |
|---|---|---|
| dar (vt) | memberi | [memberi] |
| dar uma dica | memberi petunjuk | [memberi petundʒʲuʔ] |
| decorar (enfeitar) | menghiasi | [məɲhiasi] |
| defender (vt) | membela | [membela] |
| deixar cair (vt) | tercecer | [tərtʃetʃer] |

| | | |
|---|---|---|
| descer (para baixo) | turun | [turun] |
| desculpar (vt) | memaafkan | [mema'afkan] |
| desculpar-se (vr) | meminta maaf | [meminta ma'af] |
| dirigir (~ uma empresa) | memimpin | [memimpin] |
| discutir (notícias, etc.) | membicarakan | [membitʃarakan] |
| dizer (vt) | berkata | [bərkata] |
| | | |
| duvidar (vt) | ragu-ragu | [ragu-ragu] |
| encontrar (achar) | menemukan | [mənemukan] |
| enganar (vt) | menipu | [mənipu] |
| entrar (na sala, etc.) | masuk, memasuki | [masuk], [memasuki] |
| enviar (uma carta) | mengirim | [məŋirim] |
| | | |
| errar (equivocar-se) | salah | [salah] |
| escolher (vt) | memilih | [memilih] |
| esconder (vt) | menyembunyikan | [mənjembunjikan] |
| escrever (vt) | menulis | [mənulis] |
| esperar (o autocarro, etc.) | menunggu | [mənuŋgu] |
| | | |
| esperar (ter esperança) | berharap | [bərharap] |
| esquecer (vt) | melupakan | [melupakan] |
| estar (vi) | sedang | [sedaŋ] |
| estudar (vt) | mempelajari | [mempeladʒ'ari] |
| exigir (vt) | menuntut | [mənuntut] |
| existir (vi) | ada | [ada] |
| | | |
| explicar (vt) | menjelaskan | [məndʒ'elaskan] |
| falar (vi) | berbicara | [bərbitʃara] |
| faltar (clases, etc.) | absen | [absen] |
| fazer (vt) | membuat | [membuat] |
| ficar em silêncio | diam | [diam] |
| gabar-se, jactar-se (vr) | membual | [membual] |
| | | |
| gostar (apreciar) | suka | [suka] |
| gritar (vi) | berteriak | [bərteria'] |
| guardar (cartas, etc.) | menyimpan | [mənjimpan] |
| informar (vt) | menginformasikan | [mənginformasikan] |
| insistir (vi) | mendesak | [məndesa'] |
| insultar (vt) | menghina | [məŋhina] |
| interessar-se (vr) | menaruh minat pada ... | [mənaruh minat pada ...] |
| ir (a pé) | berjalan | [bərdʒ'alan] |
| ir nadar | berenang | [bərenaŋ] |
| jantar (vi) | makan malam | [makan malam] |

## 10. Os verbos mais importantes. Parte 3

| | | |
|---|---|---|
| ler (vt) | membaca | [membatʃa] |
| libertar (cidade, etc.) | membebaskan | [membebaskan] |
| matar (vt) | membunuh | [membunuh] |
| mencionar (vt) | menyebut | [mənjebut] |
| mostrar (vt) | menunjukkan | [mənundʒ'u'kan] |
| | | |
| mudar (modificar) | mengubah | [məŋubah] |
| nadar (vi) | berenang | [bərenaŋ] |

| | | |
|---|---|---|
| negar-se a … | menolak | [mənolaʔ] |
| objetar (vt) | keberatan | [keberatan] |

| | | |
|---|---|---|
| observar (vt) | mengamati | [məɲamati] |
| ordenar (mil.) | memerintahkan | [memerintahkan] |
| ouvir (vt) | mendengar | [məndeɲar] |
| pagar (vt) | membayar | [membajar] |
| parar (vi) | berhenti | [bərhenti] |

| | | |
|---|---|---|
| participar (vi) | turut serta | [turut serta] |
| pedir (comida) | memesan | [memesan] |
| pedir (um favor, etc.) | meminta | [meminta] |
| pegar (tomar) | mengambil | [məɲambil] |
| pensar (vt) | berpikir | [bərpikir] |

| | | |
|---|---|---|
| perceber (ver) | memperhatikan | [memperhatikan] |
| perdoar (vt) | memaafkan | [memaʔafkan] |
| perguntar (vt) | bertanya | [bərtanja] |
| permitir (vt) | mengizinkan | [məɲizinkan] |
| pertencer a … | kepunyaan … | [kepunjaʔan …] |

| | | |
|---|---|---|
| planear (vt) | merencanakan | [merentʃanakan] |
| poder (vi) | bisa | [bisa] |
| possuir (vt) | memiliki | [memiliki] |
| preferir (vt) | lebih suka | [lebih suka] |
| preparar (vt) | memasak | [memasaʔ] |

| | | |
|---|---|---|
| prever (vt) | menduga | [mənduga] |
| prometer (vt) | berjanji | [bərdʒ¦andʒi] |
| pronunciar (vt) | melafalkan | [melafalkan] |
| propor (vt) | mengusulkan | [məɲusulkan] |
| punir (castigar) | menghukum | [məɲhukum] |

## 11. Os verbos mais importantes. Parte 4

| | | |
|---|---|---|
| quebrar (vt) | memecahkan | [memetʃahkan] |
| queixar-se (vr) | mengeluh | [məɲeluh] |
| querer (desejar) | mau, mengingini | [mau], [iɲin] |
| recomendar (vt) | merekomendasi | [merekomendasi] |
| repetir (dizer outra vez) | mengulangi | [məɲulaɲi] |

| | | |
|---|---|---|
| repreender (vt) | memarahi, menegur | [memarahi], [menegur] |
| reservar (~ um quarto) | memesan | [memesan] |
| responder (vt) | menjawab | [məndʒ¦awab] |
| rezar, orar (vi) | bersembahyang, berdoa | [bərsembahjaɲ], [bərdoa] |
| rir (vi) | tertawa | [tərtawa] |

| | | |
|---|---|---|
| roubar (vt) | mencuri | [məntʃuri] |
| saber (vt) | tahu | [tahu] |
| sair (~ de casa) | keluar | [keluar] |
| salvar (vt) | menyelamatkan | [mənjelamatkan] |
| seguir … | mengikuti … | [məɲikuti …] |
| sentar-se (vr) | duduk | [duduʔ] |
| ser (vi) | ialah, adalah | [ialah], [adalah] |

| | | |
|---|---|---|
| ser necessário | dibutuhkan | [dibutuhkan] |
| sorrir (vi) | tersenyum | [tərsenyum] |
| subestimar (vt) | meremehkan | [meremehkan] |
| surpreender-se (vr) | heran | [heran] |
| tentar (vt) | mencoba | [məntʃoba] |
| | | |
| ter (vt) | mempunyai | [mempunjaj] |
| ter fome | lapar | [lapar] |
| ter medo | takut | [takut] |
| ter sede | haus | [haus] |
| | | |
| tocar (com as mãos) | menyentuh | [mənjentuh] |
| tomar o pequeno-almoço | sarapan | [sarapan] |
| trabalhar (vi) | bekerja | [bekerdʒ'a] |
| traduzir (vt) | menerjemahkan | [mənerdʒ'emahkan] |
| unir (vt) | menyatukan | [mənjatukan] |
| | | |
| vender (vt) | menjual | [məndʒ'ual] |
| ver (vt) | melihat | [melihat] |
| virar (ex. ~ à direita) | membelok | [membelo'] |
| voar (vi) | terbang | [tərbaŋ] |

## 12. Cores

| | | |
|---|---|---|
| cor (f) | warna | [warna] |
| matiz (m) | nuansa | [nuansa] |
| tom (m) | warna | [warna] |
| arco-íris (m) | pelangi | [pelaŋi] |
| | | |
| branco | putih | [putih] |
| preto | hitam | [hitam] |
| cinzento | kelabu | [kelabu] |
| | | |
| verde | hijau | [hidʒ'au] |
| amarelo | kuning | [kuniŋ] |
| vermelho | merah | [merah] |
| | | |
| azul | biru | [biru] |
| azul claro | biru muda | [biru muda] |
| rosa | pink | [pin'] |
| laranja | oranye, jingga | [oranje], [dʒiŋga] |
| violeta | violet, ungu muda | [violet], [uŋu muda] |
| castanho | cokelat | [tʃokelat] |
| | | |
| dourado | keemasan | [keemasan] |
| prateado | keperakan | [keperakan] |
| | | |
| bege | abu-abu kecokelatan | [abu-abu ketʃokelatan] |
| creme | krem | [krem] |
| turquesa | pirus | [pirus] |
| vermelho cereja | merah tua | [merah tua] |
| lilás | ungu | [uŋu] |
| carmesim | merah lembayung | [merah lembajuŋ] |
| claro | terang | [teraŋ] |

| escuro | gelap | [gelap] |
|---|---|---|
| vivo | terang | [teraŋ] |

| de cor | berwarna | [bərwarna] |
|---|---|---|
| a cores | warna | [warna] |
| preto e branco | hitam-putih | [hitam-putih] |
| unicolor | polos, satu warna | [polos], [satu warna] |
| multicor | berwarna-warni | [bərwarna-warni] |

## 13. Questões

| Quem? | Siapa? | [siapa?] |
|---|---|---|
| Que? | Apa? | [apa?] |
| Onde? | Di mana? | [di mana?] |
| Para onde? | Ke mana? | [ke mana?] |
| De onde? | Dari mana? | [dari mana?] |
| Quando? | Kapan? | [kapan?] |
| Para quê? | Mengapa? | [məŋapa?] |
| Porquê? | Mengapa? | [məŋapa?] |

| Para quê? | Untuk apa? | [untuʼ apa?] |
|---|---|---|
| Como? | Bagaimana? | [bagajmana?] |
| Qual? | Apa? Yang mana? | [apa?], [yaŋ mana?] |
| Qual? (entre dois ou mais) | Yang mana? | [yaŋ mana?] |

| A quem? | Kepada siapa? Untuk siapa? | [kepada siapa?], [untuʼ siapa?] |
|---|---|---|
| Sobre quem? | Tentang siapa? | [tentaŋ siapa?] |
| Do quê? | Tentang apa? | [tentaŋ apa?] |
| Com quem? | Dengan siapa? | [deŋan siapa?] |

| Quanto, -os, -as? | Berapa? | [bərapa?] |
|---|---|---|
| De quem? | Milik siapa? | [miliʼ siapa?] |

## 14. Palavras funcionais. Advérbios. Parte 1

| Onde? | Di mana? | [di mana?] |
|---|---|---|
| aqui | di sini | [di sini] |
| lá, ali | di sana | [di sana] |

| em algum lugar | di suatu tempat | [di suatu tempat] |
|---|---|---|
| em lugar nenhum | tak ada di mana pun | [taʼ ada di mana pun] |

| ao pé de ... | dekat | [dekat] |
|---|---|---|
| ao pé da janela | dekat jendela | [dekat dʒiendela] |

| Para onde? | Ke mana? | [ke mana?] |
|---|---|---|
| para cá | ke sini | [ke sini] |
| para lá | ke sana | [ke sana] |
| daqui | dari sini | [dari sini] |
| de lá, dali | dari sana | [dari sana] |
| perto | dekat | [dekat] |

| longe | jauh | [dʒⁱauh] |
|---|---|---|
| perto de ... | dekat | [dekat] |
| ao lado de | dekat | [dekat] |
| perto, não fica longe | tidak jauh | [tida' dʒⁱauh] |

| esquerdo | kiri | [kiri] |
|---|---|---|
| à esquerda | di kiri | [di kiri] |
| para esquerda | ke kiri | [ke kiri] |

| direito | kanan | [kanan] |
|---|---|---|
| à direita | di kanan | [di kanan] |
| para direita | ke kanan | [ke kanan] |

| à frente | di depan | [di depan] |
|---|---|---|
| da frente | depan | [depan] |
| em frente (para a frente) | ke depan | [ke depan] |

| atrás de ... | di belakang | [di belakaŋ] |
|---|---|---|
| por detrás (vir ~) | dari belakang | [dari belakaŋ] |
| para trás | mundur | [mundur] |

| meio (m), metade (f) | tengah | [teŋah] |
|---|---|---|
| no meio | di tengah | [di teŋah] |

| de lado | di sisi, di samping | [di sisi], [di sampiŋ] |
|---|---|---|
| em todo lugar | di mana-mana | [di mana-mana] |
| ao redor (olhar ~) | di sekitar | [di sekitar] |

| de dentro | dari dalam | [dari dalam] |
|---|---|---|
| para algum lugar | ke suatu tempat | [ke suatu tempat] |
| diretamente | terus | [terus] |
| de volta | kembali | [kembali] |

| de algum lugar | dari mana pun | [dari mana pun] |
|---|---|---|
| de um lugar | dari suatu tempat | [dari suatu tempat] |

| em primeiro lugar | pertama | [pərtama] |
|---|---|---|
| em segundo lugar | kedua | [kedua] |
| em terceiro lugar | ketiga | [ketiga] |

| de repente | tiba-tiba | [tiba-tiba] |
|---|---|---|
| no início | mula-mula | [mula-mula] |
| pela primeira vez | untuk pertama kalinya | [untu' pərtama kalinja] |
| muito antes de ... | jauh sebelum ... | [dʒⁱauh sebelum ...] |
| de novo, novamente | kembali | [kembali] |
| para sempre | untuk selama-lamanya | [untu' selama-lamanja] |

| nunca | tidak pernah | [tida' pərnah] |
|---|---|---|
| de novo | lagi, kembali | [lagi], [kembali] |
| agora | sekarang | [sekaraŋ] |
| frequentemente | sering, seringkali | [seriŋ], [seriŋkali] |
| então | ketika itu | [ketika itu] |
| urgentemente | segera | [segera] |
| usualmente | biasanya | [biasanja] |
| a propósito, ... | ngomong-ngomong ... | [ŋomoŋ-ŋomoŋ ...] |
| é possível | mungkin | [muŋkin] |

| provavelmente | mungkin | [muŋkin] |
| talvez | mungkin | [muŋkin] |
| além disso, ... | selain itu ... | [selajn itu ...] |
| por isso ... | karena itu ... | [karena itu ...] |
| apesar de ... | meskipun ... | [meskipun ...] |
| graças a ... | berkat ... | [berkat ...] |

| que (pron.) | apa | [apa] |
| que (conj.) | bahwa | [bahwa] |
| algo | sesuatu | [sesuatu] |
| alguma coisa | sesuatu | [sesuatu] |
| nada | tidak sesuatu pun | [tida' sesuatu pun] |

| quem | siapa | [siapa] |
| alguém (~ teve uma ideia ...) | seseorang | [seseoraŋ] |
| alguém | seseorang | [seseoraŋ] |

| ninguém | tidak seorang pun | [tida' seoraŋ pun] |
| para lugar nenhum | tidak ke mana pun | [tida' ke mana pun] |
| de ninguém | tidak milik siapa pun | [tida' mili' siapa pun] |
| de alguém | milik seseorang | [mili' seseoraŋ] |

| tão | sangat | [saŋat] |
| também (gostaria ~ de ...) | juga | [dʒiuga] |
| também (~ eu) | juga | [dʒiuga] |

## 15. Palavras funcionais. Advérbios. Parte 2

| Porquê? | Mengapa? | [məŋapa?] |
| por alguma razão | entah mengapa | [entah məŋapa] |
| porque ... | karena ... | [karena ...] |
| por qualquer razão | untuk tujuan tertentu | [untu' tudʒiuan tərtentu] |

| e (tu ~ eu) | dan | [dan] |
| ou (ser ~ não ser) | atau | [atau] |
| mas (porém) | tetapi, namun | [tetapi], [namun] |
| para (~ a minha mãe) | untuk | [untu'] |

| demasiado, muito | terlalu | [tərlalu] |
| só, somente | hanya | [hanja] |
| exatamente | tepat | [tepat] |
| cerca de (~ 10 kg) | sekitar | [sekitar] |

| aproximadamente | kira-kira | [kira-kira] |
| aproximado | kira-kira | [kira-kira] |
| quase | hampir | [hampir] |
| resto (m) | selebihnya, sisanya | [selebihnja], [sisanja] |

| o outro (segundo) | kedua | [kedua] |
| outro | lain | [lain] |
| cada | setiap | [setiap] |
| qualquer | sebarang | [sebaraŋ] |
| muito | banyak | [banja'] |
| muitas pessoas | banyak orang | [banja' oraŋ] |

| todos | semua | [semua] |
|---|---|---|
| em troca de ... | sebagai ganti ... | [sebagaj ganti ...] |
| em troca | sebagai gantinya | [sebagaj gantinja] |
| à mão | dengan tangan | [deŋan taŋan] |
| pouco provável | hampir tidak | [hampir tida'] |
| | | |
| provavelmente | mungkin | [muŋkin] |
| de propósito | sengaja | [seŋadʒʲa] |
| por acidente | tidak sengaja | [tida' seŋadʒʲa] |
| | | |
| muito | sangat | [saŋat] |
| por exemplo | misalnya | [misalnja] |
| entre | antara | [antara] |
| entre (no meio de) | di antara | [di antara] |
| tanto | banyak sekali | [banja' sekali] |
| especialmente | terutama | [terutama] |

# Conceitos básicos. Parte 2

## 16. Opostos

| | | |
|---|---|---|
| rico | **kaya** | [kaja] |
| pobre | **miskin** | [miskin] |
| doente | **sakit** | [sakit] |
| são | **sehat** | [sehat] |
| grande | **besar** | [besar] |
| pequeno | **kecil** | [ketʃil] |
| rapidamente | **cepat** | [tʃepat] |
| lentamente | **perlahan-lahan** | [pərlahan-lahan] |
| rápido | **cepat** | [tʃepat] |
| lento | **lambat** | [lambat] |
| alegre | **riang** | [riaŋ] |
| triste | **sedih** | [sedih] |
| juntos | **bersama** | [bərsama] |
| separadamente | **terpisah** | [tərpisah] |
| em voz alta (ler ~) | **dengan keras** | [deŋan keras] |
| para si (em silêncio) | **dalam hati** | [dalam hati] |
| alto | **tinggi** | [tiŋgi] |
| baixo | **rendah** | [rendah] |
| profundo | **dalam** | [dalam] |
| pouco fundo | **dangkal** | [daŋkal] |
| sim | **ya** | [ya] |
| não | **tidak** | [tidaʔ] |
| distante (no espaço) | **jauh** | [dʒ'auh] |
| próximo | **dekat** | [dekat] |
| longe | **jauh** | [dʒ'auh] |
| perto | **dekat** | [dekat] |
| longo | **panjang** | [pandʒ'aŋ] |
| curto | **pendek** | [pendeʔ] |
| bom, bondoso | **baik hati** | [baj' hati] |
| mau | **jahat** | [dʒ'ahat] |
| casado | **menikah** | [mənikah] |

| solteiro | bujang | [budʒian] |
|---|---|---|
| proibir (vt) | melarang | [melaraŋ] |
| permitir (vt) | mengizinkan | [mǝɲizinkan] |
| fim (m) | akhir | [ahir] |
| começo (m) | permulaan | [pǝrmulaʔan] |
| esquerdo | kiri | [kiri] |
| direito | kanan | [kanan] |
| primeiro | pertama | [pǝrtama] |
| último | terakhir | [tǝrahir] |
| crime (m) | kejahatan | [kedʒiahatan] |
| castigo (m) | hukuman | [hukuman] |
| ordenar (vt) | memerintahkan | [memerintahkan] |
| obedecer (vt) | mematuhi | [mematuhi] |
| reto | lurus | [lurus] |
| curvo | melengkung | [meleŋkuŋ] |
| paraíso (m) | surga | [surga] |
| inferno (m) | neraka | [neraka] |
| nascer (vi) | lahir | [lahir] |
| morrer (vi) | mati, meninggal | [mati], [meniŋgal] |
| forte | kuat | [kuat] |
| fraco, débil | lemah | [lemah] |
| idoso | tua | [tua] |
| jovem | muda | [muda] |
| velho | tua | [tua] |
| novo | baru | [baru] |
| duro | keras | [keras] |
| mole | lunak | [lunaʔ] |
| tépido | hangat | [haŋat] |
| frio | dingin | [diŋin] |
| gordo | gemuk | [gemuʔ] |
| magro | kurus | [kurus] |
| estreito | sempit | [sempit] |
| largo | lebar | [lebar] |
| bom | baik | [bajʔ] |
| mau | buruk | [buruʔ] |
| valente | pemberani | [pemberani] |
| cobarde | penakut | [penakut] |

## 17. Dias da semana

| | | |
|---|---|---|
| segunda-feira (f) | Hari Senin | [hari senin] |
| terça-feira (f) | Hari Selasa | [hari selasa] |
| quarta-feira (f) | Hari Rabu | [hari rabu] |
| quinta-feira (f) | Hari Kamis | [hari kamis] |
| sexta-feira (f) | Hari Jumat | [hari dʒʲumat] |
| sábado (m) | Hari Sabtu | [hari sabtu] |
| domingo (m) | Hari Minggu | [hari miŋgu] |
| | | |
| hoje | hari ini | [hari ini] |
| amanhã | besok | [besoʔ] |
| depois de amanhã | besok lusa | [besoʔ lusa] |
| ontem | kemarin | [kemarin] |
| anteontem | kemarin dulu | [kemarin dulu] |
| | | |
| dia (m) | hari | [hari] |
| dia (m) de trabalho | hari kerja | [hari kerdʒʲa] |
| feriado (m) | hari libur | [hari libur] |
| dia (m) de folga | hari libur | [hari libur] |
| fim (m) de semana | akhir pekan | [ahir pekan] |
| | | |
| o dia todo | seharian | [seharian] |
| no dia seguinte | hari berikutnya | [hari berikutnja] |
| há dois dias | dua hari lalu | [dua hari lalu] |
| na véspera | hari sebelumnya | [hari sebelumnja] |
| diário | harian | [harian] |
| todos os dias | tiap hari | [tiap hari] |
| | | |
| semana (f) | minggu | [miŋu] |
| na semana passada | minggu lalu | [miŋu lalu] |
| na próxima semana | minggu berikutnya | [miŋu berikutnja] |
| semanal | mingguan | [miŋguan] |
| cada semana | tiap minggu | [tiap miŋu] |
| duas vezes por semana | dua kali seminggu | [dua kali semiŋu] |
| cada terça-feira | tiap Hari Selasa | [tiap hari selasa] |

## 18. Horas. Dia e noite

| | | |
|---|---|---|
| manhã (f) | pagi | [pagi] |
| de manhã | pada pagi hari | [pada pagi hari] |
| meio-dia (m) | tengah hari | [teŋah hari] |
| à tarde | pada sore hari | [pada sore hari] |
| | | |
| noite (f) | sore, malam | [sore], [malam] |
| à noite (noitinha) | waktu sore | [waktu sore] |
| noite (f) | malam | [malam] |
| à noite | pada malam hari | [pada malam hari] |
| meia-noite (f) | tengah malam | [teŋah malam] |
| | | |
| segundo (m) | detik | [detiʔ] |
| minuto (m) | menit | [menit] |
| hora (f) | jam | [dʒʲam] |

| | | |
|---|---|---|
| meia hora (f) | setengah jam | [seteŋah dʒam] |
| quarto (m) de hora | seperempat jam | [seperempat dʒam] |
| quinze minutos | lima belas menit | [lima belas menit] |
| vinte e quatro horas | siang-malam | [siaŋ-malam] |
| | | |
| nascer (m) do sol | matahari terbit | [matahari tərbit] |
| amanhecer (m) | subuh | [subuh] |
| madrugada (f) | dini pagi | [dini pagi] |
| pôr do sol (m) | matahari terbenam | [matahari tərbenam] |
| | | |
| de madrugada | pagi-pagi | [pagi-pagi] |
| hoje de manhã | pagi ini | [pagi ini] |
| amanhã de manhã | besok pagi | [beso' pagi] |
| | | |
| hoje à tarde | sore ini | [sore ini] |
| à tarde | pada sore hari | [pada sore hari] |
| amanhã à tarde | besok sore | [beso' sore] |
| | | |
| hoje à noite | sore ini | [sore ini] |
| amanhã à noite | besok malam | [beso' malam] |
| | | |
| às três horas em ponto | pukul 3 tepat | [pukul tiga tepat] |
| por volta das quatro | sekitar pukul 4 | [sekitar pukul empat] |
| às doze | pada pukul 12 | [pada pukul belas] |
| | | |
| dentro de vinte minutos | dalam 20 menit | [dalam dua puluh menit] |
| dentro duma hora | dalam satu jam | [dalam satu dʒam] |
| a tempo | tepat waktu | [tepat waktu] |
| | | |
| menos um quarto | … kurang seperempat | [… kuraŋ seperempat] |
| durante uma hora | selama sejam | [selama sedʒam] |
| a cada quinze minutos | tiap 15 menit | [tiap lima belas menit] |
| as vinte e quatro horas | siang-malam | [siaŋ-malam] |

## 19. Meses. Estações

| | | |
|---|---|---|
| janeiro (m) | Januari | [dʒanuari] |
| fevereiro (m) | Februari | [februari] |
| março (m) | Maret | [maret] |
| abril (m) | April | [april] |
| maio (m) | Mei | [mei] |
| junho (m) | Juni | [dʒuni] |
| | | |
| julho (m) | Juli | [dʒuli] |
| agosto (m) | Augustus | [augustus] |
| setembro (m) | September | [september] |
| outubro (m) | Oktober | [oktober] |
| novembro (m) | November | [november] |
| dezembro (m) | Desember | [desember] |
| | | |
| primavera (f) | musim semi | [musim semi] |
| na primavera | pada musim semi | [pada musim semi] |
| primaveril | musim semi | [musim semi] |
| verão (m) | musim panas | [musim panas] |

| no verão | pada musim panas | [pada musim panas] |
| de verão | musim panas | [musim panas] |

| outono (m) | musim gugur | [musim gugur] |
| no outono | pada musim gugur | [pada musim gugur] |
| outonal | musim gugur | [musim gugur] |

| inverno (m) | musim dingin | [musim diŋin] |
| no inverno | pada musim dingin | [pada musim diŋin] |
| de inverno | musim dingin | [musim diŋin] |
| mês (m) | bulan | [bulan] |
| este mês | bulan ini | [bulan ini] |
| no próximo mês | bulan depan | [bulan depan] |
| no mês passado | bulan lalu | [bulan lalu] |

| há um mês | sebulan lalu | [sebulan lalu] |
| dentro de um mês | dalam satu bulan | [dalam satu bulan] |
| dentro de dois meses | dalam 2 bulan | [dalam dua bulan] |
| todo o mês | sepanjang bulan | [sepandʒian bulan] |
| um mês inteiro | sebulan penuh | [sebulan penuh] |

| mensal | bulanan | [bulanan] |
| mensalmente | tiap bulan | [tiap bulan] |
| cada mês | tiap bulan | [tiap bulan] |
| duas vezes por mês | dua kali sebulan | [dua kali sebulan] |

| ano (m) | tahun | [tahun] |
| este ano | tahun ini | [tahun ini] |
| no próximo ano | tahun depan | [tahun depan] |
| no ano passado | tahun lalu | [tahun lalu] |
| há um ano | setahun lalu | [setahun lalu] |
| dentro dum ano | dalam satu tahun | [dalam satu tahun] |
| dentro de 2 anos | dalam 2 tahun | [dalam dua tahun] |
| todo o ano | sepanjang tahun | [sepandʒian tahun] |
| um ano inteiro | setahun penuh | [setahun penuh] |

| cada ano | tiap tahun | [tiap tahun] |
| anual | tahunan | [tahunan] |
| anualmente | tiap tahun | [tiap tahun] |
| quatro vezes por ano | empat kali setahun | [empat kali setahun] |

| data (~ de hoje) | tanggal | [taŋgal] |
| data (ex. ~ de nascimento) | tanggal | [taŋgal] |
| calendário (m) | kalender | [kalender] |

| meio ano | setengah tahun | [seteŋah tahun] |
| seis meses | enam bulan | [enam bulan] |
| estação (f) | musim | [musim] |
| século (m) | abad | [abad] |

## 20. Tempo. Diversos

| tempo (m) | waktu | [waktu] |
| momento (m) | sekejap | [sekedʒiap] |

| | | |
|---|---|---|
| instante (m) | saat, waktu | [sa'at], [waktu] |
| instantâneo | seketika | [seketika] |
| lapso (m) de tempo | jangka waktu | [dʒ'aŋka waktu] |
| vida (f) | kehidupan, hidup | [kehidupan], [hidup] |
| eternidade (f) | keabadiaan | [keabadia'an] |
| época (f) | zaman | [zaman] |
| era (f) | era | [era] |
| ciclo (m) | siklus | [siklus] |
| período (m) | periode, kurun waktu | [pəriode], [kurun waktu] |
| prazo (m) | jangka waktu | [dʒ'aŋka waktu] |
| futuro (m) | masa depan | [masa depan] |
| futuro | yang akan datang | [yaŋ akan dataŋ] |
| da próxima vez | lain kali | [lain kali] |
| passado (m) | masa lalu | [masa lalu] |
| passado | lalu | [lalu] |
| na vez passada | terakhir kali | [tərahir kali] |
| mais tarde | kemudian | [kemudian] |
| depois | sesudah | [sesudah] |
| atualmente | sekarang | [sekaraŋ] |
| agora | saat ini | [sa'at ini] |
| imediatamente | segera | [segera] |
| em breve, brevemente | segera | [segera] |
| de antemão | sebelumnya | [sebelumnja] |
| há muito tempo | dahulu kala | [dahulu kala] |
| há pouco tempo | baru-baru ini | [baru-baru ini] |
| destino (m) | nasib | [nasib] |
| recordações (f pl) | kenang-kenangan | [kenaŋ-kenaŋan] |
| arquivo (m) | arsip | [arsip] |
| durante … | selama … | [selama …] |
| durante muito tempo | lama | [lama] |
| pouco tempo | tidak lama | [tida' lama] |
| cedo (levantar-se ~) | pagi-pagi | [pagi-pagi] |
| tarde (deitar-se ~) | terlambat | [tərlambat] |
| para sempre | untuk selama-lamanya | [untu' selama-lamanja] |
| começar (vt) | memulai | [memulaj] |
| adiar (vt) | menunda | [mənunda] |
| simultaneamente | serentak | [serenta'] |
| permanentemente | tetap | [tetap] |
| constante (ruído, etc.) | terus menerus | [terus menerus] |
| temporário | sementara | [sementara] |
| às vezes | kadang-kadang | [kadaŋ-kadaŋ] |
| raramente | jarang | [dʒ'araŋ] |
| frequentemente | sering, seringkali | [seriŋ], [seriŋkali] |

## 21. Linhas e formas

| | | |
|---|---|---|
| quadrado (m) | bujur sangkar | [budʒ'ur saŋkar] |
| quadrado | persegi | [pərsegi] |

| círculo (m) | lingkaran | [liŋkaran] |
| redondo | bundar | [bundar] |
| triângulo (m) | segi tiga | [segi tiga] |
| triangular | segi tiga | [segi tiga] |

| oval (f) | oval | [oval] |
| oval | oval | [oval] |
| retângulo (m) | segi empat | [segi empat] |
| retangular | siku-siku | [siku-siku] |

| pirâmide (f) | piramida | [piramida] |
| rombo, losango (m) | rombus | [rombus] |
| trapézio (m) | trapesium | [trapesium] |
| cubo (m) | kubus | [kubus] |
| prisma (m) | prisma | [prisma] |

| circunferência (f) | lingkar | [liŋkar] |
| esfera (f) | bulatan | [bulatan] |
| globo (m) | bola | [bola] |
| diâmetro (m) | diameter | [diameter] |
| raio (m) | radius, jari-jari | [radius], [dʒari-dʒari] |
| perímetro (m) | perimeter | [pərimeter] |
| centro (m) | pusat | [pusat] |

| horizontal | horizontal, mendatar | [horizontal], [mendatar] |
| vertical | vertikal, tegak lurus | [vertikal], [tega' lurus] |
| paralela (f) | sejajar | [sedʒadʒar] |
| paralelo | sejajar | [sedʒadʒar] |

| linha (f) | garis | [garis] |
| traço (m) | garis | [garis] |
| reta (f) | garis lurus | [garis lurus] |
| curva (f) | garis lengkung | [garis leŋkuŋ] |
| fino (linha ~a) | tipis | [tipis] |
| contorno (m) | kontur | [kontur] |

| interseção (f) | titik potong | [titi' potoŋ] |
| ângulo (m) reto | sudut siku-siku | [sudut siku-siku] |
| segmento (m) | segmen | [segmen] |
| setor (m) | sektor | [sektor] |
| lado (de um triângulo, etc.) | segi | [segi] |
| ângulo (m) | sudut | [sudut] |

## 22. Unidades de medida

| peso (m) | berat | [berat] |
| comprimento (m) | panjang | [pandʒaŋ] |
| largura (f) | lebar | [lebar] |
| altura (f) | ketinggian | [ketiŋgian] |
| profundidade (f) | kedalaman | [kedalaman] |
| volume (m) | volume, isi | [volume], [isi] |
| área (f) | luas | [luas] |
| grama (m) | gram | [gram] |
| miligrama (m) | miligram | [miligram] |

| | | |
|---|---|---|
| quilograma (m) | **kilogram** | [kilogram] |
| tonelada (f) | **ton** | [ton] |
| libra (453,6 gramas) | **pon** | [pon] |
| onça (f) | **ons** | [ons] |

| | | |
|---|---|---|
| metro (m) | **meter** | [meter] |
| milímetro (m) | **milimeter** | [milimeter] |
| centímetro (m) | **sentimeter** | [sentimeter] |
| quilómetro (m) | **kilometer** | [kilometer] |
| milha (f) | **mil** | [mil] |

| | | |
|---|---|---|
| polegada (f) | **inci** | [intʃi] |
| pé (304,74 mm) | **kaki** | [kaki] |
| jarda (914,383 mm) | **yard** | [yard] |

| | | |
|---|---|---|
| metro (m) quadrado | **meter persegi** | [meter pərsegi] |
| hectare (m) | **hektar** | [hektar] |

| | | |
|---|---|---|
| litro (m) | **liter** | [liter] |
| grau (m) | **derajat** | [deradʒⁱat] |
| volt (m) | **volt** | [volt] |
| ampere (m) | **ampere** | [ampere] |
| cavalo-vapor (m) | **tenaga kuda** | [tenaga kuda] |

| | | |
|---|---|---|
| quantidade (f) | **kuantitas** | [kuantitas] |
| um pouco de … | **sedikit …** | [sedikit …] |
| metade (f) | **setengah** | [setəŋah] |
| dúzia (f) | **lusin** | [lusin] |
| peça (f) | **buah** | [buah] |

| | | |
|---|---|---|
| dimensão (f) | **ukuran** | [ukuran] |
| escala (f) | **skala** | [skala] |

| | | |
|---|---|---|
| mínimo | **minimal** | [minimal] |
| menor, mais pequeno | **terkecil** | [tərketʃil] |
| médio | **sedang** | [sedaŋ] |
| máximo | **maksimal** | [maksimal] |
| maior, mais grande | **terbesar** | [tərbesar] |

## 23. Recipientes

| | | |
|---|---|---|
| boião (m) de vidro | **gelas** | [gelas] |
| lata (~ de cerveja) | **kaleng** | [kaleŋ] |
| balde (m) | **ember** | [ember] |
| barril (m) | **tong** | [toŋ] |

| | | |
|---|---|---|
| bacia (~ de plástico) | **baskom** | [baskom] |
| tanque (m) | **tangki** | [taŋki] |
| cantil (m) de bolso | **pelples** | [pelples] |
| bidão (m) de gasolina | **jeriken** | [dʒⁱeriken] |
| cisterna (f) | **tangki** | [taŋki] |

| | | |
|---|---|---|
| caneca (f) | **mangkuk** | [maŋkuʔ] |
| chávena (f) | **cangkir** | [tʃaŋkir] |

| pires (m) | alas cangkir | [alas ʧaŋkir] |
| copo (m) | gelas | [gelas] |
| taça (f) de vinho | gelas anggur | [gelas aŋgur] |
| panela, caçarola (f) | panci | [panʧi] |

| garrafa (f) | botol | [botol] |
| gargalo (m) | leher | [leher] |

| jarro, garrafa (f) | karaf | [karaf] |
| jarro (m) de barro | kendi | [kendi] |
| recipiente (m) | wadah | [wadah] |
| pote (m) | pot | [pot] |
| vaso (m) | vas | [vas] |

| frasco (~ de perfume) | botol | [botol] |
| frasquinho (ex. ~ de iodo) | botol kecil | [botol keʧil] |
| tubo (~ de pasta dentífrica) | tabung | [tabuŋ] |

| saca (ex. ~ de açúcar) | karung | [karuŋ] |
| saco (~ de plástico) | kantong | [kantoŋ] |
| maço (m) | bungkus | [buŋkus] |

| caixa (~ de sapatos, etc.) | kotak, kardus | [kotak], [kardus] |
| caixa (~ de madeira) | kotak | [kotaʔ] |
| cesta (f) | bakul | [bakul] |

## 24. Materiais

| material (m) | bahan | [bahan] |
| madeira (f) | kayu | [kaju] |
| de madeira | kayu | [kaju] |

| vidro (m) | kaca | [kaʧa] |
| de vidro | kaca | [kaʧa] |

| pedra (f) | batu | [batu] |
| de pedra | batu | [batu] |

| plástico (m) | plastik | [plastiʔ] |
| de plástico | plastik | [plastiʔ] |

| borracha (f) | karet | [karet] |
| de borracha | karet | [karet] |

| tecido, pano (m) | kain | [kain] |
| de tecido | kain | [kain] |

| papel (m) | kertas | [kertas] |
| de papel | kertas | [kertas] |

| cartão (m) | karton | [karton] |
| de cartão | karton | [karton] |
| polietileno (m) | polietilena | [polietilena] |
| celofane (m) | selofana | [selofana] |

| linóleo (m) | linoleum | [linoleum] |
| contraplacado (m) | kayu lapis | [kaju lapis] |

| porcelana (f) | porselen | [porselen] |
| de porcelana | porselen | [porselen] |
| barro (f) | tanah liat | [tanah liat] |
| de barro | gerabah | [gerabah] |
| cerâmica (f) | keramik | [kerami'] |
| de cerâmica | keramik | [kerami'] |

## 25. Metais

| metal (m) | logam | [logam] |
| metálico | logam | [logam] |
| liga (f) | aloi, lakur | [aloy], [lakur] |

| ouro (m) | emas | [emas] |
| de ouro | emas | [emas] |
| prata (f) | perak | [pera'] |
| de prata | perak | [pera'] |

| ferro (m) | besi | [besi] |
| de ferro | besi | [besi] |
| aço (m) | baja | [badʒˈa] |
| de aço | baja | [badʒˈa] |
| cobre (m) | tembaga | [tembaga] |
| de cobre | tembaga | [tembaga] |

| alumínio (m) | aluminium | [aluminium] |
| de alumínio | aluminium | [aluminium] |
| bronze (m) | perunggu | [pəruŋgu] |
| de bronze | perunggu | [pəruŋgu] |

| latão (m) | kuningan | [kuniɲan] |
| níquel (m) | nikel | [nikel] |
| platina (f) | platinum | [platinum] |
| mercúrio (m) | air raksa | [air raksa] |
| estanho (m) | timah | [timah] |
| chumbo (m) | timbal | [timbal] |
| zinco (m) | seng | [seŋ] |

# O SER HUMANO

# O ser humano. O corpo

## 26. Humanos. Conceitos básicos

| | | |
|---|---|---|
| ser (m) humano | manusia | [manusia] |
| homem (m) | laki-laki, pria | [laki-laki], [pria] |
| mulher (f) | perempuan, wanita | [perempuan], [wanita] |
| criança (f) | anak | [ana'] |
| | | |
| menina (f) | anak perempuan | [ana' perempuan] |
| menino (m) | anak laki-laki | [ana' laki-laki] |
| adolescente (m) | remaja | [remadʒia] |
| velho (m) | lelaki tua | [lelaki tua] |
| velha, anciã (f) | perempuan tua | [perempuan tua] |

## 27. Anatomia humana

| | | |
|---|---|---|
| organismo (m) | organisme | [organisme] |
| coração (m) | jantung | [dʒiantuŋ] |
| sangue (m) | darah | [darah] |
| artéria (f) | arteri, pembuluh darah | [arteri], [pembuluh darah] |
| veia (f) | vena | [vena] |
| | | |
| cérebro (m) | otak | [ota'] |
| nervo (m) | saraf | [saraf] |
| nervos (m pl) | saraf | [saraf] |
| vértebra (f) | ruas | [ruas] |
| coluna (f) vertebral | tulang belakang | [tulaŋ belakaŋ] |
| | | |
| estômago (m) | lambung | [lambuŋ] |
| intestinos (m pl) | usus | [usus] |
| intestino (m) | usus | [usus] |
| fígado (m) | hati | [hati] |
| rim (m) | ginjal | [gindʒial] |
| | | |
| osso (m) | tulang | [tulaŋ] |
| esqueleto (m) | skelet, rangka | [skelet], [raŋka] |
| costela (f) | tulang rusuk | [tulaŋ rusu'] |
| crânio (m) | tengkorak | [teŋkora'] |
| | | |
| músculo (m) | otot | [otot] |
| bíceps (m) | bisep | [bisep] |
| tríceps (m) | trisep | [trisep] |
| tendão (m) | tendon | [tendon] |
| articulação (f) | sendi | [sendi] |

| pulmões (m pl) | paru-paru | [paru-paru] |
| órgãos (m pl) genitais | kemaluan | [kemaluan] |
| pele (f) | kulit | [kulit] |

## 28. Cabeça

| cabeça (f) | kepala | [kepala] |
| cara (f) | wajah | [wadʒ'ah] |
| nariz (m) | hidung | [hiduŋ] |
| boca (f) | mulut | [mulut] |

| olho (m) | mata | [mata] |
| olhos (m pl) | mata | [mata] |
| pupila (f) | pupil, biji mata | [pupil], [bidʒi mata] |
| sobrancelha (f) | alis | [alis] |
| pestana (f) | bulu mata | [bulu mata] |
| pálpebra (f) | kelopak mata | [kelopa' mata] |

| língua (f) | lidah | [lidah] |
| dente (m) | gigi | [gigi] |
| lábios (m pl) | bibir | [bibir] |
| maçãs (f pl) do rosto | tulang pipi | [tulaŋ pipi] |
| gengiva (f) | gusi | [gusi] |
| palato (m) | langit-langit mulut | [laŋit-laŋit mulut] |

| narinas (f pl) | lubang hidung | [lubaŋ hiduŋ] |
| queixo (m) | dagu | [dagu] |
| mandíbula (f) | rahang | [rahaŋ] |
| bochecha (f) | pipi | [pipi] |

| testa (f) | dahi | [dahi] |
| têmpora (f) | pelipis | [pelipis] |
| orelha (f) | telinga | [teliŋa] |
| nuca (f) | tengkuk | [teŋku'] |
| pescoço (m) | leher | [leher] |
| garganta (f) | tenggorok | [teŋgoro'] |

| cabelos (m pl) | rambut | [rambut] |
| penteado (m) | tatanan rambut | [tatanan rambut] |
| corte (m) de cabelo | potongan rambut | [potoŋan rambut] |
| peruca (f) | wig, rambut palsu | [wig], [rambut palsu] |

| bigode (m) | kumis | [kumis] |
| barba (f) | janggut | [dʒ'aŋgut] |
| usar, ter (~ barba, etc.) | memelihara | [memelihara] |
| trança (f) | kepang | [kepaŋ] |
| suíças (f pl) | brewok | [brewo'] |

| ruivo | merah pirang | [merah piraŋ] |
| grisalho | beruban | [bəruban] |
| calvo | botak, plontos | [botak], [plontos] |
| calva (f) | botak | [bota'] |
| rabo-de-cavalo (m) | ekor kuda | [ekor kuda] |
| franja (f) | poni rambut | [poni rambut] |

## 29. Corpo humano

| | | |
|---|---|---|
| mão (f) | **tangan** | [taŋan] |
| braço (m) | **lengan** | [leŋan] |

| | | |
|---|---|---|
| dedo (m) | **jari** | [dʒʲari] |
| dedo (m) do pé | **jari** | [dʒʲari] |
| polegar (m) | **jempol** | [dʒʲempol] |
| dedo (m) mindinho | **jari kelingking** | [dʒʲari keliŋkiŋ] |
| unha (f) | **kuku** | [kuku] |

| | | |
|---|---|---|
| punho (m) | **kepalan tangan** | [kepalan taŋan] |
| palma (f) da mão | **telapak** | [telapaʔ] |
| pulso (m) | **pergelangan** | [pərgelaŋan] |
| antebraço (m) | **lengan bawah** | [leŋan bawah] |
| cotovelo (m) | **siku** | [siku] |
| ombro (m) | **bahu** | [bahu] |

| | | |
|---|---|---|
| perna (f) | **kaki** | [kaki] |
| pé (m) | **telapak kaki** | [telapaʔ kaki] |
| joelho (m) | **lutut** | [lutut] |
| barriga (f) da perna | **betis** | [betis] |
| anca (f) | **paha** | [paha] |
| calcanhar (m) | **tumit** | [tumit] |

| | | |
|---|---|---|
| corpo (m) | **tubuh** | [tubuh] |
| barriga (f) | **perut** | [perut] |
| peito (m) | **dada** | [dada] |
| seio (m) | **payudara** | [pajudara] |
| lado (m) | **rusuk** | [rusuʔ] |
| costas (f pl) | **punggung** | [puŋguŋ] |
| região (f) lombar | **pinggang bawah** | [piŋgaŋ bawah] |
| cintura (f) | **pinggang** | [piŋgaŋ] |

| | | |
|---|---|---|
| umbigo (m) | **pusar** | [pusar] |
| nádegas (f pl) | **pantat** | [pantat] |
| traseiro (m) | **pantat** | [pantat] |

| | | |
|---|---|---|
| sinal (m) | **tanda lahir** | [tanda lahir] |
| sinal (m) de nascença | **tanda lahir** | [tanda lahir] |
| tatuagem (f) | **tato** | [tato] |
| cicatriz (f) | **parut luka** | [parut luka] |

# Vestuário & Acessórios

## 30. Roupa exterior. Casacos

| | | |
|---|---|---|
| roupa (f) | pakaian | [pakajan] |
| roupa (f) exterior | pakaian luar | [pakajan luar] |
| roupa (f) de inverno | pakaian musim dingin | [pakajan musim diŋin] |
| sobretudo (m) | mantel | [mantel] |
| casaco (m) de peles | mantel bulu | [mantel bulu] |
| casaco curto (m) de peles | jaket bulu | [dʒʲaket bulu] |
| casaco (m) acolchoado | jaket bulu halus | [dʒʲaket bulu halus] |
| casaco, blusão (m) | jaket | [dʒʲaket] |
| impermeável (m) | jas hujan | [dʒʲas hudʒʲan] |
| impermeável | kedap air | [kedap air] |

## 31. Vestuário de homem & mulher

| | | |
|---|---|---|
| camisa (f) | kemeja | [kemedʒʲa] |
| calças (f pl) | celana | [tʃelana] |
| calças (f pl) de ganga | celana jins | [tʃelana dʒins] |
| casaco (m) de fato | jas | [dʒʲas] |
| fato (m) | setelan | [setelan] |
| vestido (ex. ~ vermelho) | gaun | [gaun] |
| saia (f) | rok | [roʔ] |
| blusa (f) | blus | [blus] |
| casaco (m) de malha | jaket wol | [dʒʲaket wol] |
| casaco, blazer (m) | jaket | [dʒʲaket] |
| T-shirt, camiseta (f) | baju kaus | [badʒʲu kaus] |
| calções (Bermudas, etc.) | celana pendek | [tʃelana pendeʔ] |
| fato (m) de treino | pakaian olahraga | [pakajan olahraga] |
| roupão (m) de banho | jubah mandi | [dʒʲubah mandi] |
| pijama (m) | piyama | [piyama] |
| suéter (m) | sweter | [sweter] |
| pulôver (m) | pulover | [pulover] |
| colete (m) | rompi | [rompi] |
| fraque (m) | jas berbuntut | [dʒʲas berbuntut] |
| smoking (m) | jas malam | [dʒʲas malam] |
| uniforme (m) | seragam | [seragam] |
| roupa (f) de trabalho | pakaian kerja | [pakajan kerdʒʲa] |
| fato-macaco (m) | baju monyet | [badʒʲu monjet] |
| bata (~ branca, etc.) | jas | [dʒʲas] |

## 32. Vestuário. Roupa interior

| | | |
|---|---|---|
| roupa (f) interior | pakaian dalam | [pakajan dalam] |
| cuecas boxer (f pl) | celana dalam lelaki | [ʧelana dalam lelaki] |
| cuecas (f pl) | celana dalam wanita | [ʧelana dalam wanita] |
| camisola (f) interior | singlet | [siŋlet] |
| peúgas (f pl) | kaus kaki | [kaus kaki] |
| | | |
| camisa (f) de noite | baju tidur | [baʤ'u tidur] |
| sutiã (m) | beha | [beha] |
| meias longas (f pl) | kaus kaki selutut | [kaus kaki selutut] |
| meia-calça (f) | pantihos | [pantihos] |
| meias (f pl) | kaus kaki panjang | [kaus kaki panʤ'aŋ] |
| fato (m) de banho | baju renang | [baʤ'u renaŋ] |

## 33. Adereços de cabeça

| | | |
|---|---|---|
| chapéu (m) | topi | [topi] |
| chapéu (m) de feltro | topi bulat | [topi bulat] |
| boné (m) de beisebol | topi bisbol | [topi bisbol] |
| boné (m) | topi pet | [topi pet] |
| | | |
| boina (f) | baret | [baret] |
| capuz (m) | kerudung kepala | [keruduŋ kepala] |
| panamá (m) | topi panama | [topi panama] |
| gorro (m) de malha | topi rajut | [topi raʤ'ut] |
| | | |
| lenço (m) | tudung kepala | [tuduŋ kepala] |
| chapéu (m) de mulher | topi wanita | [topi wanita] |
| | | |
| capacete (m) de proteção | topi baja | [topi baʤ'a] |
| bibico (m) | topi lipat | [topi lipat] |
| capacete (m) | helm | [helm] |
| | | |
| chapéu-coco (m) | topi bulat | [topi bulat] |
| chapéu (m) alto | topi tinggi | [topi tiŋgi] |

## 34. Calçado

| | | |
|---|---|---|
| calçado (m) | sepatu | [sepatu] |
| botinas (f pl) | sepatu bot | [sepatu bot] |
| sapatos (de salto alto, etc.) | sepatu wanita | [sepatu wanita] |
| botas (f pl) | sepatu lars | [sepatu lars] |
| pantufas (f pl) | pantofel | [pantofel] |
| | | |
| ténis (m pl) | sepatu tenis | [sepatu tenis] |
| sapatilhas (f pl) | sepatu kets | [sepatu kets] |
| sandálias (f pl) | sandal | [sandal] |
| | | |
| sapateiro (m) | tukang sepatu | [tukaŋ sepatu] |
| salto (m) | tumit | [tumit] |

| par (m) | sepasang | [sepasaŋ] |
| atacador (m) | tali sepatu | [tali sepatu] |
| apertar os atacadores | mengikat tali | [məŋikat tali] |
| calçadeira (f) | sendok sepatu | [sendo' sepatu] |
| graxa (f) para calçado | semir sepatu | [semir sepatu] |

## 35. Têxtil. Tecidos

| algodão (m) | katun | [katun] |
| de algodão | katun | [katun] |
| linho (m) | linen | [linen] |
| de linho | linen | [linen] |

| seda (f) | sutra | [sutra] |
| de seda | sutra | [sutra] |
| lã (f) | wol | [wol] |
| de lã | wol | [wol] |

| veludo (m) | beledu | [beledu] |
| camurça (f) | suede | [suede] |
| bombazina (f) | korduroi | [korduroy] |

| náilon (m) | nilon | [nilon] |
| de náilon | nilon | [nilon] |
| poliéster (m) | poliester | [poliester] |
| de poliéster | poliester | [poliester] |

| couro (m) | kulit | [kulit] |
| de couro | kulit | [kulit] |
| pele (f) | kulit berbulu | [kulit bərbulu] |
| de peles, de pele | bulu | [bulu] |

## 36. Acessórios pessoais

| luvas (f pl) | sarung tangan | [saruŋ taŋan] |
| mitenes (f pl) | sarung tangan | [saruŋ taŋan] |
| cachecol (m) | selendang | [selendaŋ] |

| óculos (m pl) | kacamata | [katʃamata] |
| armação (f) de óculos | bingkai | [biŋkaj] |
| guarda-chuva (m) | payung | [pajuŋ] |
| bengala (f) | tongkat jalan | [toŋkat dʒ'alan] |
| escova (f) para o cabelo | sikat rambut | [sikat rambut] |
| leque (m) | kipas | [kipas] |

| gravata (f) | dasi | [dasi] |
| gravata-borboleta (f) | dasi kupu-kupu | [dasi kupu-kupu] |
| suspensórios (m pl) | bretel | [bretel] |
| lenço (m) | sapu tangan | [sapu taŋan] |

| pente (m) | sisir | [sisir] |
| travessão (m) | jepit rambut | [dʒ'epit rambut] |

| gancho (m) de cabelo | harnal | [harnal] |
| fivela (f) | gesper | [gesper] |
| cinto (m) | sabuk | [sabuʔ] |
| correia (f) | tali tas | [tali tas] |
| mala (f) | tas | [tas] |
| mala (f) de senhora | tas tangan | [tas taŋan] |
| mochila (f) | ransel | [ransel] |

## 37. Vestuário. Diversos

| moda (f) | mode | [mode] |
| na moda | modis | [modis] |
| estilista (m) | perancang busana | [pərantʃaŋ busana] |
| colarinho (m), gola (f) | kerah | [kerah] |
| bolso (m) | saku | [saku] |
| de bolso | saku | [saku] |
| manga (f) | lengan | [leŋan] |
| alcinha (f) | tali kait | [tali kait] |
| braguilha (f) | golbi | [golbi] |
| fecho (m) de correr | ritsleting | [ritsletiŋ] |
| fecho (m), colchete (m) | kancing | [kantʃiŋ] |
| botão (m) | kancing | [kantʃiŋ] |
| casa (f) de botão | lubang kancing | [lubaŋ kantʃiŋ] |
| soltar-se (vr) | terlepas | [tərlepas] |
| coser, costurar (vi) | menjahit | [məndʒ'ahit] |
| bordar (vt) | membordir | [membordir] |
| bordado (m) | bordiran | [bordiran] |
| agulha (f) | jarum | [dʒ'arum] |
| fio (m) | benang | [benaŋ] |
| costura (f) | setik | [setiʔ] |
| sujar-se (vr) | kena kotor | [kena kotor] |
| mancha (f) | bercak | [bertʃaʔ] |
| engelhar-se (vr) | kumal | [kumal] |
| rasgar (vt) | merobek | [merobeʔ] |
| traça (f) | ngengat | [ŋeŋat] |

## 38. Cuidados pessoais. Cosméticos

| pasta (f) de dentes | pasta gigi | [pasta gigi] |
| escova (f) de dentes | sikat gigi | [sikat gigi] |
| escovar os dentes | menggosok gigi | [məŋgosoʔ gigi] |
| máquina (f) de barbear | pisau cukur | [pisau tʃukur] |
| creme (m) de barbear | krim cukur | [krim tʃukur] |
| barbear-se (vr) | bercukur | [bərtʃukur] |
| sabonete (m) | sabun | [sabun] |

| champô (m) | sampo | [sampo] |
| tesoura (f) | gunting | [guntiŋ] |
| lima (f) de unhas | kikir kuku | [kikir kuku] |
| corta-unhas (m) | pemotong kuku | [pemotoŋ kuku] |
| pinça (f) | pinset | [pinset] |

| cosméticos (m pl) | kosmetik | [kosmeti'] |
| máscara (f) facial | masker | [masker] |
| manicura (f) | manikur | [manikur] |
| fazer a manicura | melakukan manikur | [melakukan manikur] |
| pedicure (f) | pedi | [pedi] |

| mala (f) de maquilhagem | tas kosmetik | [tas kosmeti'] |
| pó (m) | bedak | [beda'] |
| caixa (f) de pó | kotak bedak | [kota' beda'] |
| blush (m) | perona pipi | [pərona pipi] |

| perfume (m) | parfum | [parfum] |
| água (f) de toilette | minyak wangi | [minja' waŋi] |
| loção (f) | losion | [losjon] |
| água-de-colónia (f) | kolonye | [kolone] |

| sombra (f) de olhos | pewarna mata | [pewarna mata] |
| lápis (m) delineador | pensil alis | [pensil alis] |
| máscara (f), rímel (m) | celak | [ʧela'] |

| batom (m) | lipstik | [lipsti'] |
| verniz (m) de unhas | kuteks, cat kuku | [kuteks], [ʧat kuku] |
| laca (f) para cabelos | semprotan rambut | [semprotan rambut] |
| desodorizante (m) | deodoran | [deodoran] |

| creme (m) | krim | [krim] |
| creme (m) de rosto | krim wajah | [krim waʤ'ah] |
| creme (m) de mãos | krim tangan | [krim taŋan] |
| creme (m) antirrugas | krim antikerut | [krim antikerut] |
| creme (m) de dia | krim siang | [krim siaŋ] |
| creme (m) de noite | krim malam | [krim malam] |
| de dia | siang | [siaŋ] |
| da noite | malam | [malam] |

| tampão (m) | tampon | [tampon] |
| papel (m) higiénico | kertas toilet | [kertas toylet] |
| secador (m) elétrico | pengering rambut | [peŋeriŋ rambut] |

## 39. Joalheria

| joias (f pl) | perhiasan | [pərhiasan] |
| precioso | mulia, berharga | [mulia], [bərharga] |
| marca (f) de contraste | tanda kadar | [tanda kadar] |

| anel (m) | cincin | [ʧinʧin] |
| aliança (f) | cincin kawin | [ʧinʧin kawin] |
| pulseira (f) | gelang | [gelaŋ] |
| brincos (m pl) | anting-anting | [antiŋ-antiŋ] |

| | | |
|---|---|---|
| colar (m) | **kalung** | [kaluŋ] |
| coroa (f) | **mahkota** | [mahkota] |
| colar (m) de contas | **kalung manik-manik** | [kaluŋ maniʔ-maniʔ] |
| diamante (m) | **berlian** | [bərlian] |
| esmeralda (f) | **zamrud** | [zamrud] |
| rubi (m) | **batu mirah delima** | [batu mirah delima] |
| safira (f) | **nilakandi** | [nilakandi] |
| pérola (f) | **mutiara** | [mutiara] |
| âmbar (m) | **batu amber** | [batu amber] |

## 40. Relógios de pulso. Relógios

| | | |
|---|---|---|
| relógio (m) de pulso | **arloji** | [arlodʒi] |
| mostrador (m) | **piringan jam** | [piriŋan dʒʲam] |
| ponteiro (m) | **jarum** | [dʒʲarum] |
| bracelete (f) em aço | **rantai arloji** | [rantaj arlodʒi] |
| bracelete (f) em couro | **tali arloji** | [tali arlodʒi] |
| pilha (f) | **baterai** | [bateraj] |
| descarregar-se | **mati** | [mati] |
| trocar a pilha | **mengganti baterai** | [məŋganti bateraj] |
| estar adiantado | **cepat** | [tʃepat] |
| estar atrasado | **terlambat** | [tərlambat] |
| relógio (m) de parede | **jam dinding** | [dʒʲam dindiŋ] |
| ampulheta (f) | **jam pasir** | [dʒʲam pasir] |
| relógio (m) de sol | **jam matahari** | [dʒʲam matahari] |
| despertador (m) | **weker** | [weker] |
| relojoeiro (m) | **tukang jam** | [tukaŋ dʒʲam] |
| reparar (vt) | **mereparasi, memperbaiki** | [mereparasi], [memperbajki] |

# Alimentação. Nutrição

## 41. Comida

| | | |
|---|---|---|
| carne (f) | daging | [dagiŋ] |
| galinha (f) | ayam | [ajam] |
| frango (m) | anak ayam | [ana' ajam] |
| pato (m) | bebek | [bebe'] |
| ganso (m) | angsa | [aŋsa] |
| caça (f) | binatang buruan | [binataŋ buruan] |
| peru (m) | kalkun | [kalkun] |
| | | |
| carne (f) de porco | daging babi | [dagiŋ babi] |
| carne (f) de vitela | daging anak sapi | [dagiŋ ana' sapi] |
| carne (f) de carneiro | daging domba | [dagiŋ domba] |
| carne (f) de vaca | daging sapi | [dagiŋ sapi] |
| carne (f) de coelho | kelinci | [kelintʃi] |
| | | |
| chouriço, salsichão (m) | sosis | [sosis] |
| salsicha (f) | sosis | [sosis] |
| bacon (m) | bakon | [beykon] |
| fiambre (f) | ham, daging kornet | [ham], [dagiŋ kornet] |
| presunto (m) | ham | [ham] |
| | | |
| patê (m) | pasta | [pasta] |
| fígado (m) | hati | [hati] |
| carne (f) moída | daging giling | [dagiŋ giliŋ] |
| língua (f) | lidah | [lidah] |
| | | |
| ovo (m) | telur | [telur] |
| ovos (m pl) | telur | [telur] |
| clara (f) do ovo | putih telur | [putih telur] |
| gema (f) do ovo | kuning telur | [kuniŋ telur] |
| | | |
| peixe (m) | ikan | [ikan] |
| mariscos (m pl) | makanan laut | [makanan laut] |
| crustáceos (m pl) | krustasea | [krustasea] |
| caviar (m) | caviar | [kaviar] |
| | | |
| caranguejo (m) | kepiting | [kepitiŋ] |
| camarão (m) | udang | [udaŋ] |
| ostra (f) | tiram | [tiram] |
| lagosta (f) | lobster berduri | [lobster bərduri] |
| polvo (m) | gurita | [gurita] |
| lula (f) | cumi-cumi | [tʃumi-tʃumi] |
| | | |
| esturjão (m) | ikan sturgeon | [ikan sturdʒien] |
| salmão (m) | salmon | [salmon] |
| halibute (m) | ikan turbot | [ikan turbot] |
| bacalhau (m) | ikan kod | [ikan kod] |

| | | |
|---|---|---|
| cavala, sarda (f) | **ikan kembung** | [ikan kembuŋ] |
| atum (m) | **tuna** | [tuna] |
| enguia (f) | **belut** | [belut] |
| | | |
| truta (f) | **ikan forel** | [ikan forel] |
| sardinha (f) | **sarden** | [sarden] |
| lúcio (m) | **ikan pike** | [ikan paik] |
| arenque (m) | **ikan haring** | [ikan hariŋ] |
| | | |
| pão (m) | **roti** | [roti] |
| queijo (m) | **keju** | [kedʒʲu] |
| açúcar (m) | **gula** | [gula] |
| sal (m) | **garam** | [garam] |
| | | |
| arroz (m) | **beras, nasi** | [beras], [nasi] |
| massas (f pl) | **makaroni** | [makaroni] |
| talharim (m) | **mi** | [mi] |
| | | |
| manteiga (f) | **mentega** | [məntega] |
| óleo (m) vegetal | **minyak nabati** | [minjaʼ nabati] |
| óleo (m) de girassol | **minyak bunga matahari** | [minjaʼ buŋa matahari] |
| margarina (f) | **margarin** | [margarin] |
| | | |
| azeitonas (f pl) | **buah zaitun** | [buah zajtun] |
| azeite (m) | **minyak zaitun** | [minjaʼ zajtun] |
| | | |
| leite (m) | **susu** | [susu] |
| leite (m) condensado | **susu kental** | [susu kental] |
| iogurte (m) | **yogurt** | [yogurt] |
| nata (f) azeda | **krim asam** | [krim asam] |
| nata (f) do leite | **krim, kepala susu** | [krim], [kepala susu] |
| | | |
| maionese (f) | **mayones** | [majones] |
| creme (m) | **krim** | [krim] |
| | | |
| grãos (m pl) de cereais | **menir** | [menir] |
| farinha (f) | **tepung** | [tepuŋ] |
| enlatados (m pl) | **makanan kalengan** | [makanan kaleŋan] |
| | | |
| flocos (m pl) de milho | **emping jagung** | [empiŋ dʒʲaguŋ] |
| mel (m) | **madu** | [madu] |
| doce (m) | **selai** | [selaj] |
| pastilha (f) elástica | **permen karet** | [pərmen karet] |

## 42. Bebidas

| | | |
|---|---|---|
| água (f) | **air** | [air] |
| água (f) potável | **air minum** | [air minum] |
| água (f) mineral | **air mineral** | [air mineral] |
| | | |
| sem gás | **tanpa gas** | [tanpa gas] |
| gaseificada | **berkarbonasi** | [bərkarbonasi] |
| com gás | **bergas** | [bərgas] |
| gelo (m) | **es** | [es] |

| | | |
|---|---|---|
| com gelo | dengan es | [deŋan es] |
| sem álcool | tanpa alkohol | [tanpa alkohol] |
| bebida (f) sem álcool | minuman ringan | [minuman riŋan] |
| refresco (m) | minuman penygar | [minuman penigar] |
| limonada (f) | limun | [limun] |
| | | |
| bebidas (f pl) alcoólicas | minoman beralkohol | [minoman bəralkohol] |
| vinho (m) | anggur | [aŋgur] |
| vinho (m) branco | anggur putih | [aŋgur putih] |
| vinho (m) tinto | anggur merah | [aŋgur merah] |
| | | |
| licor (m) | likeur | [likeur] |
| champanhe (m) | sampanye | [sampanje] |
| vermute (m) | vermouth | [vermut] |
| | | |
| uísque (m) | wiski | [wiski] |
| vodka (f) | vodka | [vodka] |
| gim (m) | jin, jenewer | [dʒin], [dʒ'enewer] |
| conhaque (m) | konyak | [konja'] |
| rum (m) | rum | [rum] |
| | | |
| café (m) | kopi | [kopi] |
| café (m) puro | kopi pahit | [kopi pahit] |
| café (m) com leite | kopi susu | [kopi susu] |
| cappuccino (m) | cappuccino | [kaputʃino] |
| café (m) solúvel | kopi instan | [kopi instan] |
| | | |
| leite (m) | susu | [susu] |
| coquetel (m) | koktail | [koktajl] |
| batido (m) de leite | susu kocok | [susu kotʃo'] |
| | | |
| sumo (m) | jus | [dʒ'us] |
| sumo (m) de tomate | jus tomat | [dʒ'us tomat] |
| sumo (m) de laranja | jus jeruk | [dʒ'us dʒ'eru'] |
| sumo (m) fresco | jus peras | [dʒ'us pəras] |
| | | |
| cerveja (f) | bir | [bir] |
| cerveja (f) clara | bir putih | [bir putih] |
| cerveja (f) preta | bir hitam | [bir hitam] |
| | | |
| chá (m) | teh | [teh] |
| chá (m) preto | teh hitam | [teh hitam] |
| chá (m) verde | teh hijau | [teh hidʒ'au] |

## 43. Vegetais

| | | |
|---|---|---|
| legumes (m pl) | sayuran | [sajuran] |
| verduras (f pl) | sayuran hijau | [sajuran hidʒ'au] |
| | | |
| tomate (m) | tomat | [tomat] |
| pepino (m) | mentimun, ketimun | [məntimun], [ketimun] |
| cenoura (f) | wortel | [wortel] |
| batata (f) | kentang | [kentaŋ] |
| cebola (f) | bawang | [bawaŋ] |

| | | |
|---|---|---|
| alho (m) | bawang putih | [bawaŋ putih] |
| couve (f) | kol | [kol] |
| couve-flor (f) | kembang kol | [kembaŋ kol] |
| couve-de-bruxelas (f) | kol Brussels | [kol brusels] |
| brócolos (m pl) | brokoli | [brokoli] |
| | | |
| beterraba (f) | ubi bit merah | [ubi bit merah] |
| beringela (f) | terung, terong | [teruŋ], [teroŋ] |
| curgete (f) | labu siam | [labu siam] |
| abóbora (f) | labu | [labu] |
| nabo (m) | turnip | [turnip] |
| | | |
| salsa (f) | peterseli | [peterseli] |
| funcho, endro (m) | adas sowa | [adas sowa] |
| alface (f) | selada | [selada] |
| aipo (m) | seledri | [seledri] |
| espargo (m) | asparagus | [asparagus] |
| espinafre (m) | bayam | [bajam] |
| | | |
| ervilha (f) | kacang polong | [katʃaŋ poloŋ] |
| fava (f) | kacang-kacangan | [katʃaŋ-katʃaŋan] |
| milho (m) | jagung | [dʒˈaguŋ] |
| feijão (m) | kacang buncis | [katʃaŋ buntʃis] |
| | | |
| pimentão (m) | cabai | [tʃabaj] |
| rabanete (m) | radis | [radis] |
| alcachofra (f) | artisyok | [artiʃoʔ] |

## 44. Frutos. Nozes

| | | |
|---|---|---|
| fruta (f) | buah | [buah] |
| maçã (f) | apel | [apel] |
| pera (f) | pir | [pir] |
| limão (m) | jeruk sitrun | [dʒˈeruʔ sitrun] |
| laranja (f) | jeruk manis | [dʒˈeruʔ manis] |
| morango (m) | stroberi | [stroberi] |
| | | |
| tangerina (f) | jeruk mandarin | [dʒˈeruʔ mandarin] |
| ameixa (f) | plum | [plum] |
| pêssego (m) | persik | [persiʔ] |
| damasco (m) | aprikot | [aprikot] |
| framboesa (f) | buah frambus | [buah frambus] |
| ananás (m) | nanas | [nanas] |
| | | |
| banana (f) | pisang | [pisaŋ] |
| melancia (f) | semangka | [semaŋka] |
| uva (f) | buah anggur | [buah aŋgur] |
| ginja (f) | buah ceri asam | [buah tʃeri asam] |
| cereja (f) | buah ceri manis | [buah tʃeri manis] |
| meloa (f) | melon | [melon] |
| | | |
| toranja (f) | jeruk Bali | [dʒˈeruʔ bali] |
| abacate (m) | avokad | [avokad] |
| papaia (f) | pepaya | [pepaja] |

| manga (f) | mangga | [maŋga] |
| romã (f) | buah delima | [buah delima] |

| groselha (f) vermelha | redcurrant | [redkaren] |
| groselha (f) preta | blackcurrant | [ble'karen] |
| groselha (f) espinhosa | buah arbei hijau | [buah arbei hiʤʲau] |
| mirtilo (m) | buah bilberi | [buah bilberi] |
| amora silvestre (f) | beri hitam | [beri hitam] |

| uvas (f pl) passas | kismis | [kismis] |
| figo (m) | buah ara | [buah ara] |
| tâmara (f) | buah kurma | [buah kurma] |

| amendoim (m) | kacang tanah | [katʃaŋ tanah] |
| amêndoa (f) | badam | [badam] |
| noz (f) | buah walnut | [buah walnut] |
| avelã (f) | kacang hazel | [katʃaŋ hazel] |
| coco (m) | buah kelapa | [buah kelapa] |
| pistáchios (m pl) | badam hijau | [badam hiʤʲau] |

## 45. Pão. Bolaria

| pastelaria (f) | kue-mue | [kue-mue] |
| pão (m) | roti | [roti] |
| bolacha (f) | biskuit | [biskuit] |

| chocolate (m) | cokelat | [tʃokelat] |
| de chocolate | cokelat | [tʃokelat] |
| rebuçado (m) | permen | [pərmen] |
| bolo (cupcake, etc.) | kue | [kue] |
| bolo (m) de aniversário | kue tar | [kue tar] |

| tarte (~ de maçã) | pai | [pai] |
| recheio (m) | inti | [inti] |

| doce (m) | selai buah utuh | [selaj buah utuh] |
| geleia (f) de frutas | marmelade | [marmelade] |
| waffle (m) | wafel | [wafel] |
| gelado (m) | es krim | [es krim] |
| pudim (m) | puding | [pudiŋ] |

## 46. Pratos cozinhados

| prato (m) | masakan, hidangan | [masakan], [hidaŋan] |
| cozinha (~ portuguesa) | masakan | [masakan] |
| receita (f) | resep | [resep] |
| porção (f) | porsi | [porsi] |

| salada (f) | salada | [salada] |
| sopa (f) | sup | [sup] |
| caldo (m) | kaldu | [kaldu] |
| sandes (f) | roti lapis | [roti lapis] |

| | | |
|---|---|---|
| ovos (m pl) estrelados | telur mata sapi | [telur mata sapi] |
| hambúrguer (m) | hamburger | [hamburger] |
| bife (m) | bistik | [bistiʔ] |

| | | |
|---|---|---|
| conduto (m) | lauk | [lauʔ] |
| espaguete (m) | spageti | [spageti] |
| puré (m) de batata | kentang tumbuk | [kentaŋ tumbuʔ] |
| pizza (f) | piza | [piza] |
| papa (f) | bubur | [bubur] |
| omelete (f) | telur dadar | [telur dadar] |

| | | |
|---|---|---|
| cozido em água | rebus | [rebus] |
| fumado | asap | [asap] |
| frito | goreng | [goreŋ] |
| seco | kering | [keriŋ] |
| congelado | beku | [beku] |
| em conserva | marinade | [marinade] |

| | | |
|---|---|---|
| doce (açucarado) | manis | [manis] |
| salgado | asin | [asin] |
| frio | dingin | [diŋin] |
| quente | panas | [panas] |
| amargo | pahit | [pahit] |
| gostoso | enak | [enaʔ] |

| | | |
|---|---|---|
| cozinhar (em água a ferver) | merebus | [merebus] |
| fazer, preparar (vt) | memasak | [memasaʔ] |
| fritar (vt) | menggoreng | [məŋgoreŋ] |
| aquecer (vt) | memanaskan | [memanaskan] |

| | | |
|---|---|---|
| salgar (vt) | menggarami | [məŋgarami] |
| apimentar (vt) | membubuh merica | [membubuh meritʃa] |
| ralar (vt) | memarut | [memarut] |
| casca (f) | kulit | [kulit] |
| descascar (vt) | mengupas | [məŋupas] |

## 47. Especiarias

| | | |
|---|---|---|
| sal (m) | garam | [garam] |
| salgado | asin | [asin] |
| salgar (vt) | menggarami | [məŋgarami] |

| | | |
|---|---|---|
| pimenta (f) preta | merica | [meritʃa] |
| pimenta (f) vermelha | cabai merah | [tʃabaj merah] |
| mostarda (f) | mustar | [mustar] |
| raiz-forte (f) | lobak pedas | [lobaʔ pedas] |

| | | |
|---|---|---|
| condimento (m) | bumbu | [bumbu] |
| especiaria (f) | rempah-rempah | [rempah-rempah] |
| molho (m) | saus | [saus] |
| vinagre (m) | cuka | [tʃuka] |

| | | |
|---|---|---|
| anis (m) | adas manis | [adas manis] |
| manjericão (m) | selasih | [selasih] |

| | | |
|---|---|---|
| cravo (m) | **cengkih** | [ʧeŋkih] |
| gengibre (m) | **jahe** | [dʒ'ahe] |
| coentro (m) | **ketumbar** | [ketumbar] |
| canela (f) | **kayu manis** | [kaju manis] |
| | | |
| sésamo (m) | **wijen** | [widʒ'en] |
| folhas (f pl) de louro | **daun salam** | [daun salam] |
| páprica (f) | **cabai** | [ʧabaj] |
| cominho (m) | **jintan** | [dʒintan] |
| açafrão (m) | **kuma-kuma** | [kuma-kuma] |

## 48. Refeições

| | | |
|---|---|---|
| comida (f) | **makanan** | [makanan] |
| comer (vt) | **makan** | [makan] |
| | | |
| pequeno-almoço (m) | **makan pagi, sarapan** | [makan pagi], [sarapan] |
| tomar o pequeno-almoço | **sarapan** | [sarapan] |
| almoço (m) | **makan siang** | [makan siaŋ] |
| almoçar (vi) | **makan siang** | [makan siaŋ] |
| jantar (m) | **makan malam** | [makan malam] |
| jantar (vi) | **makan malam** | [makan malam] |
| | | |
| apetite (m) | **nafsu makan** | [nafsu makan] |
| Bom apetite! | **Selamat makan!** | [selamat makan!] |
| | | |
| abrir (~ uma lata, etc.) | **membuka** | [membuka] |
| derramar (vt) | **menumpahkan** | [mənumpahkan] |
| | | |
| ferver (vi) | **mendidih** | [məndidih] |
| ferver (vt) | **mendidihkan** | [məndidihkan] |
| fervido | **masak** | [masaʔ] |
| | | |
| arrefecer (vt) | **mendinginkan** | [məndiŋinkan] |
| arrefecer-se (vr) | **mendingin** | [məndiŋin] |
| | | |
| sabor, gosto (m) | **rasa** | [rasa] |
| gostinho (m) | **nuansa rasa** | [nuansa rasa] |
| | | |
| fazer dieta | **berdiet** | [berdiet] |
| dieta (f) | **diet, pola makan** | [diet], [pola makan] |
| vitamina (f) | **vitamin** | [vitamin] |
| caloria (f) | **kalori** | [kalori] |
| | | |
| vegetariano (m) | **vegetarian** | [vegetarian] |
| vegetariano | **vegetarian** | [vegetarian] |
| | | |
| gorduras (f pl) | **lemak** | [lemaʔ] |
| proteínas (f pl) | **protein** | [protein] |
| carboidratos (m pl) | **karbohidrat** | [karbohidrat] |
| | | |
| fatia (~ de limão, etc.) | **irisan** | [irisan] |
| pedaço (~ de bolo) | **potongan** | [potoŋan] |
| migalha (f) | **remah** | [remah] |

## 49. Por a mesa

| colher (f) | sendok | [sendo⁷] |
| faca (f) | pisau | [pisau] |
| garfo (m) | garpu | [garpu] |

| chávena (f) | cangkir | [ʧaŋkir] |
| prato (m) | piring | [piriŋ] |
| pires (m) | alas cangkir | [alas ʧaŋkir] |
| guardanapo (m) | serbet | [serbet] |
| palito (m) | tusuk gigi | [tusu' gigi] |

## 50. Restaurante

| restaurante (m) | restoran | [restoran] |
| café (m) | warung kopi | [waruŋ kopi] |
| bar (m), cervejaria (f) | bar | [bar] |
| salão (m) de chá | warung teh | [waruŋ teh] |

| empregado (m) de mesa | pelayan lelaki | [pelajan lelaki] |
| empregada (f) de mesa | pelayan perempuan | [pelajan pərempuan] |
| barman (m) | pelayan bar | [pelajan bar] |

| ementa (f) | menu | [menu] |
| lista (f) de vinhos | daftar anggur | [daftar aŋgur] |
| reservar uma mesa | memesan meja | [memesan medʒˈa] |

| prato (m) | masakan, hidangan | [masakan], [hidaŋan] |
| pedir (vt) | memesan | [memesan] |
| fazer o pedido | memesan | [memesan] |

| aperitivo (m) | aperitif | [aperitif] |
| entrada (f) | makanan ringan | [makanan riŋan] |
| sobremesa (f) | hidangan penutup | [hidaŋan penutup] |

| conta (f) | bon | [bon] |
| pagar a conta | membayar bon | [membajar bon] |
| dar o troco | memberikan uang kembalian | [memberikan uaŋ kembalian] |
| gorjeta (f) | tip | [tip] |

# Família, parentes e amigos

## 51. Informação pessoal. Formulários

| | | |
|---|---|---|
| nome (m) | nama, nama depan | [nama], [nama depan] |
| apelido (m) | nama keluarga | [nama keluarga] |
| data (f) de nascimento | tanggal lahir | [taŋgal lahir] |
| local (m) de nascimento | tempat lahir | [tempat lahir] |
| nacionalidade (f) | kebangsaan | [kebaŋsa'an] |
| lugar (m) de residência | tempat tinggal | [tempat tiŋgal] |
| país (m) | negara, negeri | [negara], [negeri] |
| profissão (f) | profesi | [profesi] |
| sexo (m) | jenis kelamin | [dʒenis kelamin] |
| estatura (f) | tinggi badan | [tiŋgi badan] |
| peso (m) | berat | [berat] |

## 52. Membros da família. Parentes

| | | |
|---|---|---|
| mãe (f) | ibu | [ibu] |
| pai (m) | ayah | [ajah] |
| filho (m) | anak lelaki | [ana' lelaki] |
| filha (f) | anak perempuan | [ana' perempuan] |
| filha (f) mais nova | anak perempuan bungsu | [ana' perempuan buŋsu] |
| filho (m) mais novo | anak lelaki bungsu | [ana' lelaki buŋsu] |
| filha (f) mais velha | anak perempuan sulung | [ana' perempuan suluŋ] |
| filho (m) mais velho | anak lelaki sulung | [ana' lelaki suluŋ] |
| irmão (m) | saudara lelaki | [saudara lelaki] |
| irmão (m) mais velho | kakak lelaki | [kaka' lelaki] |
| irmão (m) mais novo | adik lelaki | [adi' lelaki] |
| irmã (f) | saudara perempuan | [saudara perempuan] |
| irmã (f) mais velha | kakak perempuan | [kaka' perempuan] |
| irmã (f) mais nova | adik perempuan | [adi' perempuan] |
| primo (m) | sepupu lelaki | [sepupu lelaki] |
| prima (f) | sepupu perempuan | [sepupu perempuan] |
| mamã (f) | mama, ibu | [mama], [ibu] |
| papá (m) | papa, ayah | [papa], [ajah] |
| pais (pl) | orang tua | [oraŋ tua] |
| criança (f) | anak | [ana'] |
| crianças (f pl) | anak-anak | [ana'-ana'] |
| avó (f) | nenek | [nene'] |
| avô (m) | kakek | [kake'] |

| | | |
|---|---|---|
| neto (m) | cucu laki-laki | [ʧuʧu laki-laki] |
| neta (f) | cucu perempuan | [ʧuʧu pərempuan] |
| netos (pl) | cucu | [ʧuʧu] |

| | | |
|---|---|---|
| tio (m) | paman | [paman] |
| tia (f) | bibi | [bibi] |
| sobrinho (m) | keponakan laki-laki | [keponakan laki-laki] |
| sobrinha (f) | keponakan perempuan | [keponakan pərempuan] |

| | | |
|---|---|---|
| sogra (f) | ibu mertua | [ibu mertua] |
| sogro (m) | ayah mertua | [ajah mertua] |
| genro (m) | menantu laki-laki | [mənantu laki-laki] |
| madrasta (f) | ibu tiri | [ibu tiri] |
| padrasto (m) | ayah tiri | [ajah tiri] |

| | | |
|---|---|---|
| criança (f) de colo | bayi | [baji] |
| bebé (m) | bayi | [baji] |
| menino (m) | bocah cilik | [boʧah ʧili'] |

| | | |
|---|---|---|
| mulher (f) | istri | [istri] |
| marido (m) | suami | [suami] |
| esposo (m) | suami | [suami] |
| esposa (f) | istri | [istri] |

| | | |
|---|---|---|
| casado | menikah, beristri | [mənikah], [bəristri] |
| casada | menikah, bersuami | [mənikah], [bərsuami] |
| solteiro | bujang | [budʒⁱaŋ] |
| solteirão (m) | bujang | [budʒⁱaŋ] |
| divorciado | bercerai | [bərtʃeraj] |
| viúva (f) | janda | [dʒⁱanda] |
| viúvo (m) | duda | [duda] |

| | | |
|---|---|---|
| parente (m) | kerabat | [kerabat] |
| parente (m) próximo | kerabat dekat | [kerabat dekat] |
| parente (m) distante | kerabat jauh | [kerabat dʒⁱauh] |
| parentes (m pl) | kerabat, sanak saudara | [kerabat], [sana' saudara] |

| | | |
|---|---|---|
| órfão (m), órfã (f) | yatim piatu | [yatim piatu] |
| tutor (m) | wali | [wali] |
| adotar (um filho) | mengadopsi | [mənadopsi] |
| adotar (uma filha) | mengadopsi | [mənadopsi] |

## 53. Amigos. Colegas de trabalho

| | | |
|---|---|---|
| amigo (m) | sahabat | [sahabat] |
| amiga (f) | sahabat | [sahabat] |
| amizade (f) | persahabatan | [pərsahabatan] |
| ser amigos | bersahabat | [bərsahabat] |

| | | |
|---|---|---|
| amigo (m) | teman | [teman] |
| amiga (f) | teman | [teman] |
| parceiro (m) | mitra | [mitra] |
| chefe (m) | atasan | [atasan] |
| superior (m) | atasan | [atasan] |

| proprietário (m) | pemilik | [pemili'] |
| subordinado (m) | bawahan | [bawahan] |
| colega (m) | kolega | [kolega] |
| conhecido (m) | kenalan | [kenalan] |
| companheiro (m) de viagem | rekan seperjalanan | [rekan seperdʒialanan] |
| colega (m) de classe | teman sekelas | [teman sekelas] |
| vizinho (m) | tetangga | [tetaŋga] |
| vizinha (f) | tetangga | [tetaŋga] |
| vizinhos (pl) | para tetangga | [para tetaŋga] |

## 54. Homem. Mulher

| mulher (f) | perempuan, wanita | [pərempuan], [wanita] |
| rapariga (f) | gadis | [gadis] |
| noiva (f) | mempelai perempuan | [mempelaj pərempuan] |
| bonita | cantik | [ʧanti'] |
| alta | tinggi | [tiŋgi] |
| esbelta | ramping | [rampiŋ] |
| de estatura média | pendek | [pende'] |
| loura (f) | orang berambut pirang | [oraŋ bərambut piraŋ] |
| morena (f) | orang berambut cokelat | [oraŋ bərambut ʧokelat] |
| de senhora | wanita | [wanita] |
| virgem (f) | perawan | [pərawan] |
| grávida | hamil | [hamil] |
| homem (m) | laki-laki, pria | [laki-laki], [pria] |
| louro (m) | orang berambut pirang | [oraŋ bərambut piraŋ] |
| moreno (m) | orang berambut cokelat | [oraŋ bərambut ʧokelat] |
| alto | tinggi | [tiŋgi] |
| de estatura média | pendek | [pende'] |
| rude | kasar | [kasar] |
| atarracado | kekar | [kekar] |
| robusto | tegap | [tegap] |
| forte | kuat | [kuat] |
| força (f) | kekuatan | [kekuatan] |
| gordo | gemuk | [gemu'] |
| moreno | berkulit hitam | [bərkulit hitam] |
| esbelto | ramping | [rampiŋ] |
| elegante | anggun | [aŋgun] |

## 55. Idade

| idade (f) | umur | [umur] |
| juventude (f) | usia muda | [usia muda] |
| jovem | muda | [muda] |

| mais novo | lebih muda | [lebih muda] |
| mais velho | lebih tua | [lebih tua] |

| jovem (m) | pemuda | [pemuda] |
| adolescente (m) | remaja | [remadʒʲa] |
| rapaz (m) | cowok | [t͡ʃowoʔ] |

| velho (m) | lelaki tua | [lelaki tua] |
| velhota (f) | perempuan tua | [pərempuan tua] |

| adulto | dewasa | [dewasa] |
| de meia-idade | paruh baya | [paruh baja] |
| idoso, de idade | lansia | [lansia] |
| velho | tua | [tua] |

| reforma (f) | pensiun | [pensiun] |
| reformar-se (vr) | pensiun | [pensiun] |
| reformado (m) | pensiunan | [pensiunan] |

## 56. Crianças

| criança (f) | anak | [anaʔ] |
| crianças (f pl) | anak-anak | [anaʔ-anaʔ] |
| gémeos (m pl) | kembar | [kembar] |

| berço (m) | buaian | [buajan] |
| guizo (m) | ocehan | [ot͡ʃehan] |
| fralda (f) | popok | [popoʔ] |

| chupeta (f) | dot | [dot] |
| carrinho (m) de bebé | kereta bayi | [kereta baji] |
| jardim (m) de infância | taman kanak-kanak | [taman kanaʔ-kanaʔ] |
| babysitter (f) | pengasuh anak | [peŋasuh anaʔ] |

| infância (f) | masa kanak-kanak | [masa kanaʔ-kanaʔ] |
| boneca (f) | boneka | [boneka] |
| brinquedo (m) | mainan | [majnan] |
| jogo (m) de armar | alat permainan bongkah | [alat pərmajnan boŋkah] |

| bem-educado | beradab | [bəradab] |
| mal-educado | biadab | [biadab] |
| mimado | manja | [mandʒʲa] |

| ser travesso | nakal | [nakal] |
| travesso, traquinas | nakal | [nakal] |
| travessura (f) | kenakalan | [kenakalan] |
| criança (f) travessa | anak nakal | [anaʔ nakal] |

| obediente | patuh | [patuh] |
| desobediente | tidak patuh | [tidaʔ patuh] |

| dócil | penurut | [penurut] |
| inteligente | pandai, pintar | [pandaj], [pintar] |
| menino (m) prodígio | anak ajaib | [anaʔ adʒʲajb] |

## 57. Casais. Vida de família

| | | |
|---|---|---|
| beijar (vt) | mencium | [mənt∫ium] |
| beijar-se (vr) | berciuman | [bərt∫iuman] |
| família (f) | keluarga | [keluarga] |
| familiar | keluarga | [keluarga] |
| casal (m) | pasangan | [pasaŋan] |
| matrimónio (m) | pernikahan | [pərnikahan] |
| lar (m) | rumah tangga | [rumah taŋga] |
| dinastia (f) | dinasti | [dinasti] |
| | | |
| encontro (m) | kencan | [kent∫an] |
| beijo (m) | ciuman | [t∫iuman] |
| | | |
| amor (m) | cinta | [t∫inta] |
| amar (vt) | mencintai | [mənt∫intaj] |
| amado, querido | kekasih | [kekasih] |
| | | |
| ternura (f) | kelembutan | [kelembutan] |
| terno, afetuoso | lembut | [lembut] |
| fidelidade (f) | kesetiaan | [kesetia'an] |
| fiel | setia | [setia] |
| cuidado (m) | perhatian | [pərhatian] |
| carinhoso | penuh perhatian | [penuh pərhatian] |
| | | |
| recém-casados (m pl) | pengantin baru | [peŋantin baru] |
| lua de mel (f) | bulan madu | [bulan madu] |
| casar-se (com um homem) | menikah, bersuami | [mənikah], [bərsuami] |
| casar-se (com uma mulher) | menikah, beristri | [mənikah], [bəristri] |
| | | |
| boda (f) | pernikahan | [pərnikahan] |
| bodas (f pl) de ouro | pernikahan emas | [pərnikahan emas] |
| aniversário (m) | hari jadi, HUT | [hari dʒ¡adi], [ha-u-te] |
| | | |
| amante (m) | pria idaman lain | [pria idaman lajn] |
| amante (f) | wanita idaman lain | [wanita idaman lajn] |
| | | |
| adultério (m) | perselingkuhan | [pərseliŋkuhan] |
| cometer adultério | berselingkuh dari ... | [bərseliŋkuh dari ...] |
| ciumento | cemburu | [t∫emburu] |
| ser ciumento | cemburu | [t∫emburu] |
| divórcio (m) | perceraian | [pərt∫erajan] |
| divorciar-se (vr) | bercerai | [bərt∫eraj] |
| | | |
| brigar (discutir) | bertengkar | [bərteŋkar] |
| fazer as pazes | berdamai | [bərdamaj] |
| juntos | bersama | [bərsama] |
| sexo (m) | seks | [seks] |
| | | |
| felicidade (f) | kebahagiaan | [kebahagia'an] |
| feliz | berbahagia | [bərbahagia] |
| infelicidade (f) | kemalangan | [kemalaŋan] |
| infeliz | malang | [malaŋ] |

# Caráter. Sentimentos. Emoções

## 58. Sentimentos. Emoções

| | | |
|---|---|---|
| sentimento (m) | perasaan | [pərasa'an] |
| sentimentos (m pl) | perasaan | [pərasa'an] |
| sentir (vt) | merasa | [merasa] |
| | | |
| fome (f) | kelaparan | [kelaparan] |
| ter fome | lapar | [lapar] |
| sede (f) | kehausan | [kehausan] |
| ter sede | haus | [haus] |
| sonolência (f) | kantuk | [kantu'] |
| estar sonolento | mengantuk | [məŋantu'] |
| | | |
| cansaço (m) | rasa lelah | [rasa lelah] |
| cansado | lelah | [lelah] |
| ficar cansado | lelah | [lelah] |
| | | |
| humor (m) | suasana hati | [suasana hati] |
| tédio (m) | kebosanan | [kebosanan] |
| aborrecer-se (vr) | bosan | [bosan] |
| isolamento (m) | kesendirian | [kesendirian] |
| isolar-se | menyendiri | [mənjendiri] |
| | | |
| preocupar (vt) | membuat khawatir | [membuat hawatir] |
| preocupar-se (vr) | khawatir | [hawatir] |
| preocupação (f) | kekhawatiran | [kehawatiran] |
| ansiedade (f) | kegelisahan | [kegelisahan] |
| preocupado | prihatin | [prihatin] |
| estar nervoso | gugup, gelisah | [gugup], [gelisah] |
| entrar em pânico | panik | [pani'] |
| | | |
| esperança (f) | harapan | [harapan] |
| esperar (vt) | berharap | [bərharap] |
| | | |
| certeza (f) | kepastian | [kepastian] |
| certo | pasti | [pasti] |
| indecisão (f) | ketidakpastian | [ketidakpastian] |
| indeciso | tidak pasti | [tida' pasti] |
| | | |
| ébrio, bêbado | mabuk | [mabu'] |
| sóbrio | sadar, tidak mabuk | [sadar], [tida' mabu'] |
| fraco | lemah | [lemah] |
| feliz | berbahagia | [bərbahagia] |
| assustar (vt) | menakuti | [mənakuti] |
| fúria (f) | kemarahan | [kemarahan] |
| ira, raiva (f) | kemarahan | [kemarahan] |
| depressão (f) | depresi | [depresi] |
| desconforto (m) | ketidaknyamanan | [ketidaknjamanan] |

| conforto (m) | kenyamanan | [kenjamanan] |
| arrepender-se (vr) | menyesal | [mənjesal] |
| tristeza (f) | kekesalan | [kekesalan] |

| vergonha (f) | rasa malu | [rasa malu] |
| alegria (f) | kegirangan | [kegiraŋan] |
| entusiasmo (m) | antusiasme | [antusiasme] |
| entusiasta (m) | antusias | [antusias] |
| mostrar entusiasmo | memperlihatkan antusiasme | [memperlihatkan antusiasme] |

## 59. Caráter. Personalidade

| caráter (m) | watak | [wata⁷] |
| falha (f) de caráter | kepincangan | [kepintʃaŋan] |
| mente (f) | otak | [ota⁷] |
| razão (f) | akal | [akal] |

| consciência (f) | nurani | [nurani] |
| hábito (m) | kebiasaan | [kebiasa⁷an] |
| habilidade (f) | kemampuan, bakat | [kemampuan], [bakat] |
| saber (~ nadar, etc.) | dapat | [dapat] |

| paciente | sabar | [sabar] |
| impaciente | tidak sabar | [tida⁷ sabar] |
| curioso | ingin tahu | [iŋin tahu] |
| curiosidade (f) | rasa ingin tahu | [rasa iŋin tahu] |

| modéstia (f) | kerendahan hati | [kerendahan hati] |
| modesto | rendah hati | [rendah hati] |
| imodesto | tidak tahu malu | [tida⁷ tahu malu] |

| preguiça (f) | kemalasan | [kemalasan] |
| preguiçoso | malas | [malas] |
| preguiçoso (m) | pemalas | [pemalas] |

| astúcia (f) | kelicikan | [kelitʃikan] |
| astuto | licik | [litʃi⁷] |
| desconfiança (f) | ketidakpercayaan | [ketidakpertʃaja⁷an] |
| desconfiado | tidak percaya | [tida⁷ pərtʃaja] |

| generosidade (f) | kemurahan hati | [kemurahan hati] |
| generoso | murah hati | [murah hati] |
| talentoso | berbakat | [bərbakat] |
| talento (m) | bakat | [bakat] |

| corajoso | berani | [bərani] |
| coragem (f) | keberanian | [keberanian] |
| honesto | jujur | [dʒʲudʒʲur] |
| honestidade (f) | kejujuran | [kedʒʲudʒʲuran] |

| prudente | berhati-hati | [bərhati-hati] |
| valente | berani | [bərani] |
| sério | serius | [serius] |

| severo | keras | [keras] |
| decidido | tegas | [tegas] |
| indeciso | ragu-ragu | [ragu-ragu] |
| tímido | malu | [malu] |
| timidez (f) | sifat pemalu | [sifat pemalu] |

| confiança (f) | kepercayaan | [kepertʃaja'an] |
| confiar (vt) | percaya | [pərtʃaja] |
| crédulo | mudah percaya | [mudah pərtʃaja] |

| sinceramente | ikhlas | [ihlas] |
| sincero | ikhlas | [ihlas] |
| sinceridade (f) | keikhlasan | [keihlasan] |
| aberto | terbuka | [tərbuka] |

| calmo | tenang | [tenaŋ] |
| franco | terus terang | [terus təraŋ] |
| ingénuo | naif | [naif] |
| distraído | lalai | [lalaj] |
| engraçado | lucu | [lutʃu] |

| ganância (f) | kerakusan | [kerakusan] |
| ganancioso | rakus | [rakus] |
| avarento | pelit, kikir | [pelit], [kikir] |
| mau | jahat | [dʒʲahat] |
| teimoso | keras kepala, degil | [keras kepala], [degil] |
| desagradável | tidak menyenangkan | [tida' menjenaŋkan] |

| egoísta (m) | egois | [egois] |
| egoísta | egoistis | [egoistis] |
| cobarde (m) | penakut | [penakut] |
| cobarde | penakut | [penakut] |

## 60. O sono. Sonhos

| dormir (vi) | tidur | [tidur] |
| sono (m) | tidur | [tidur] |
| sonho (m) | mimpi | [mimpi] |
| sonhar (vi) | bermimpi | [bərmimpi] |
| sonolento | mengantuk | [məŋantu'] |

| cama (f) | ranjang | [randʒʲaŋ] |
| colchão (m) | kasur | [kasur] |
| cobertor (m) | selimut | [selimut] |
| almofada (f) | bantal | [bantal] |
| lençol (m) | seprai | [sepraj] |

| insónia (f) | insomnia | [insomnia] |
| insone | tanpa tidur | [tanpa tidur] |
| sonífero (m) | obat tidur | [obat tidur] |
| tomar um sonífero | meminum obat tidur | [meminum obat tidur] |

| estar sonolento | mengantuk | [məŋantu'] |
| bocejar (vi) | menguap | [məŋuap] |

| ir para a cama | tidur | [tidur] |
| fazer a cama | menyiapkan ranjang | [mənjiapkan randʒiaŋ] |
| adormecer (vi) | tertidur | [tərtidur] |

| pesadelo (m) | mimpi buruk | [mimpi buru'] |
| ronco (m) | dengkuran | [deŋkuran] |
| roncar (vi) | berdengkur | [bərdeŋkur] |

| despertador (m) | weker | [weker] |
| acordar, despertar (vt) | membangunkan | [membaŋunkan] |
| acordar (vi) | bangun | [baŋun] |
| levantar-se (vr) | bangun | [baŋun] |
| lavar-se (vr) | mencuci muka | [məntʃutʃi muka] |

## 61. Humor. Riso. Alegria

| humor (m) | humor | [humor] |
| sentido (m) de humor | rasa humor | [rasa humor] |
| divertir-se (vr) | bersukaria | [bərsukaria] |
| alegre | riang, gembira | [riaŋ], [gembira] |
| alegria (f) | keriangan, kegembiraan | [kerianan], [kegembira'an] |

| sorriso (m) | senyuman | [senyuman] |
| sorrir (vi) | tersenyum | [tərsenyum] |
| começar a rir | tertawa | [tərtawa] |
| rir (vi) | tertawa | [tərtawa] |
| riso (m) | gelak tawa | [gela' tawa] |

| anedota (f) | anekdot, lelucon | [anekdot], [lelutʃon] |
| engraçado | lucu | [lutʃu] |
| ridículo | lucu | [lutʃu] |

| brincar, fazer piadas | bergurau | [bərgurau] |
| piada (f) | lelucon | [lelutʃon] |
| alegria (f) | kegembiraan | [kegembira'an] |
| regozijar-se (vr) | bergembira | [bərgembira] |
| alegre | gembira | [gembira] |

## 62. Discussão, conversação. Parte 1

| comunicação (f) | komunikasi | [komunikasi] |
| comunicar-se (vr) | berkomunikasi | [bərkomunikasi] |

| conversa (f) | pembicaraan | [pembitʃara'an] |
| diálogo (m) | dialog | [dialog] |
| discussão (f) | diskusi | [diskusi] |
| debate (m) | perdebatan | [pərdebatan] |
| debater (vt) | berdebat | [bərdebat] |

| interlocutor (m) | lawan bicara | [lawan bitʃara] |
| tema (m) | topik, tema | [topik], [tema] |
| ponto (m) de vista | sudut pandang | [sudut pandaŋ] |

| opinião (f) | opini, pendapat | [opini], [pendapat] |
| discurso (m) | pidato, tuturan | [pidato], [tuturan] |

| discussão (f) | pembicaraan | [pembitʃara'an] |
| discutir (vt) | membicarakan | [membitʃarakan] |
| conversa (f) | pembicaraan | [pembitʃara'an] |
| conversar (vi) | berbicara | [bərbitʃara] |
| encontro (m) | pertemuan | [pərtemuan] |
| encontrar-se (vr) | bertemu | [bərtemu] |

| provérbio (m) | peribahasa | [pəribahasa] |
| ditado (m) | peribahasa | [pəribahasa] |
| adivinha (f) | teka-teki | [teka-teki] |
| dizer uma adivinha | memberi teka-teki | [memberi teka-teki] |
| senha (f) | kata sandi | [kata sandi] |
| segredo (m) | rahasia | [rahasia] |

| juramento (m) | sumpah | [sumpah] |
| jurar (vi) | bersumpah | [bərsumpah] |
| promessa (f) | janji | [dʒˈandʒi] |
| prometer (vt) | berjanji | [bərdʒˈandʒi] |

| conselho (m) | nasihat | [nasihat] |
| aconselhar (vt) | menasihati | [mənasihati] |
| seguir o conselho | mengikuti nasihat | [məɲikuti nasihat] |
| escutar (~ os conselhos) | mendengar ... | [məndeɲar ...] |

| novidade, notícia (f) | berita | [berita] |
| sensação (f) | sensasi | [sensasi] |
| informação (f) | data, informasi | [data], [informasi] |
| conclusão (f) | kesimpulan | [kesimpulan] |
| voz (f) | suara | [suara] |
| elogio (m) | pujian | [pudʒian] |
| amável | ramah | [ramah] |

| palavra (f) | kata | [kata] |
| frase (f) | frasa | [frasa] |
| resposta (f) | jawaban | [dʒˈawaban] |

| verdade (f) | kebenaran | [kebenaran] |
| mentira (f) | kebohongan | [kebohoɲan] |

| pensamento (m) | pikiran | [pikiran] |
| ideia (f) | ide | [ide] |
| fantasia (f) | fantasi | [fantasi] |

## 63. Discussão, conversação. Parte 2

| estimado | terhormat | [tərhormat] |
| respeitar (vt) | menghormati | [məɲhormati] |
| respeito (m) | penghormatan | [peɲhormatan] |
| Estimado ..., Caro ... | Yth. ... (Yang Terhormat) | [yaŋ tərhormat] |
| apresentar (vt) | memperkenalkan | [memperkenalkan] |
| travar conhecimento | berkenalan | [bərkenalan] |

| intenção (f) | niat | [niat] |
| tencionar (vt) | berniat | [bərniat] |
| desejo (m) | pengharapan | [peŋharapan] |
| desejar (ex. ~ boa sorte) | mengharapkan | [məŋharapkan] |

| surpresa (f) | keheranan | [keheranan] |
| surpreender (vt) | mengherankan | [məŋherankan] |
| surpreender-se (vr) | heran | [heran] |

| dar (vt) | memberi | [memberi] |
| pegar (tomar) | mengambil | [məŋambil] |
| devolver (vt) | mengembalikan | [məŋembalikan] |
| retornar (vt) | mengembalikan | [məŋembalikan] |

| desculpar-se (vr) | meminta maaf | [meminta ma'af] |
| desculpa (f) | permintaan maaf | [pərminta'an ma'af] |
| perdoar (vt) | memaafkan | [mema'afkan] |

| falar (vi) | berbicara | [bərbitʃara] |
| escutar (vt) | mendengarkan | [məndeŋarkan] |
| ouvir até o fim | mendengar | [məndeŋar] |
| compreender (vt) | mengerti | [məŋerti] |

| mostrar (vt) | menunjukkan | [mənundʒ'u'kan] |
| olhar para ... | melihat ... | [melihat ...] |
| chamar (dizer em voz alta o nome) | memanggil | [memaŋgil] |
| distrair (vt) | mengganggu | [məŋgaŋgu] |
| perturbar (vt) | mengganggu | [məŋgaŋgu] |
| entregar (~ em mãos) | menyampaikan | [mənjampajkan] |

| pedido (m) | permintaan | [pərminta'an] |
| pedir (ex. ~ ajuda) | meminta | [meminta] |
| exigência (f) | tuntutan | [tuntutan] |
| exigir (vt) | menuntut | [mənuntut] |

| chamar nomes (vt) | mengejek | [mənedʒ'e'] |
| zombar (vt) | mencemooh | [məntʃemooh] |
| zombaria (f) | cemoohan | [tʃemoohan] |
| alcunha (f) | nama panggilan | [nama paŋgilan] |

| insinuação (f) | isyarat | [iʃarat] |
| insinuar (vt) | mengisyaratkan | [məŋiʃaratkan] |
| subentender (vt) | berarti | [bərarti] |

| descrição (f) | penggambaran | [peŋgambaran] |
| descrever (vt) | menggambarkan | [məŋgambarkan] |
| elogio (m) | pujian | [pudʒian] |
| elogiar (vt) | memuji | [memudʒi] |

| desapontamento (m) | kekecewaan | [keketʃewa'an] |
| desapontar (vt) | mengecewakan | [mənetʃewakan] |
| desapontar-se (vr) | kecewa | [ketʃewa] |

| suposição (f) | dugaan | [duga'an] |
| supor (vt) | menduga | [mənduga] |

| advertência (f) | peringatan | [pəriŋatan] |
| advertir (vt) | memperingatkan | [memperiŋatkan] |

## 64. Discussão, conversação. Parte 3

| convencer (vt) | meyakinkan | [meyakinkan] |
| acalmar (vt) | menenangkan | [mənenaŋkan] |

| silêncio (o ~ é de ouro) | kebisuan | [kebisuan] |
| ficar em silêncio | membisu | [membisu] |
| sussurrar (vt) | berbisik | [bərbisiʔ] |
| sussurro (m) | bisikan | [bisikan] |

| francamente | terus terang | [terus təraŋ] |
| a meu ver … | menurut saya … | [mənurut saja …] |

| detalhe (~ da história) | detail, perincian | [detajl], [pərintʃian] |
| detalhado | mendetail | [məndetajl] |
| detalhadamente | dengan mendetail | [deŋan mendetajl] |

| dica (f) | petunjuk | [petundʒʲuʔ] |
| dar uma dica | memberi petunjuk | [memberi petundʒʲuʔ] |

| olhar (m) | melihat | [melihat] |
| dar uma vista de olhos | melihat | [melihat] |
| fixo (olhar ~) | kaku | [kaku] |
| piscar (vi) | berkedip | [bərkedip] |
| pestanejar (vt) | mengedipkan mata | [məŋedipkan mata] |
| acenar (com a cabeça) | mengangguk | [mənaŋguʔ] |

| suspiro (m) | desah | [desah] |
| suspirar (vi) | mendesah | [məndesah] |
| estremecer (vi) | tersentak | [tərsentaʔ] |
| gesto (m) | gerak tangan | [geraʔ taŋan] |
| tocar (com as mãos) | menyentuh | [mənjentuh] |
| agarrar (~ pelo braço) | memegang | [memegaŋ] |
| bater de leve | menepuk | [mənepuʔ] |

| Cuidado! | Awas! Hati-hati! | [awas!], [hati-hati!] |
| A sério? | Sungguh? | [suŋguh?] |
| Tem certeza? | Kamu yakin? | [kamu yakin?] |
| Boa sorte! | Semoga behasil! | [semoga behasil!] |
| Compreendi! | Begitu! | [begitu!] |
| Que pena! | Sayang sekali! | [sajaŋ sekali!] |

## 65. Acordo. Recusa

| consentimento (~ mútuo) | persetujuan | [pərsetudʒʲuan] |
| consentir (vi) | setuju, ijin | [setudʒʲu], [idʒin] |
| aprovação (f) | persetujuan | [pərsetudʒʲuan] |
| aprovar (vt) | menyetujui | [mənjetudʒʲui] |
| recusa (f) | penolakan | [penolakan] |

| negar-se (vt) | menolak | [mənola'] |
| Está ótimo! | Bagus! | [bagus!] |
| Muito bem! | Baiklah! Baik! | [bajklah!], [baj'!] |
| Está bem! De acordo! | Baiklah! Baik! | [bajklah!], [baj'!] |

| proibido | larangan | [laraŋan] |
| é proibido | dilarang | [dilaraŋ] |
| é impossível | mustahil | [mustahil] |
| incorreto | salah | [salah] |

| rejeitar (~ um pedido) | menolak | [mənola'] |
| apoiar (vt) | mendukung | [məndukuŋ] |
| aceitar (desculpas, etc.) | menerima | [mənerima] |

| confirmar (vt) | mengonfirmasi | [məŋonfirmasi] |
| confirmação (f) | konfirmasi | [konfirmasi] |
| permissão (f) | izin | [izin] |
| permitir (vt) | mengizinkan | [məŋizinkan] |
| decisão (f) | keputusan | [keputusan] |
| não dizer nada | membisu | [membisu] |

| condição (com uma ~) | syarat | [ʃarat] |
| pretexto (m) | alasan, dalih | [alasan], [dalih] |
| elogio (m) | pujian | [pudʒian] |
| elogiar (vt) | memuji | [memudʒi] |

## 66. Sucesso. Boa sorte. Insucesso

| êxito, sucesso (m) | sukses, berhasil | [sukses], [bərhasil] |
| com êxito | dengan sukses | [deŋan sukses] |
| bem sucedido | sukses, berhasil | [sukses], [bərhasil] |

| sorte (fortuna) | keberuntungan | [keberuntuŋan] |
| Boa sorte! | Semoga behasil! | [semoga behasil!] |
| de sorte | beruntung | [bəruntuŋ] |
| sortudo, felizardo | beruntung | [bəruntuŋ] |

| fracasso (m) | kegagalan | [kegagalan] |
| pouca sorte (f) | kesialan | [kesialan] |
| azar (m), má sorte (f) | kesialan | [kesialan] |

| mal sucedido | gagal | [gagal] |
| catástrofe (f) | gagal total | [gagal total] |

| orgulho (m) | kebanggaan | [kebaŋga'an] |
| orgulhoso | bangga | [baŋga] |
| estar orgulhoso | bangga | [baŋga] |

| vencedor (m) | pemenang | [pemenaŋ] |
| vencer (vi) | menang | [menaŋ] |
| perder (vt) | kalah | [kalah] |
| tentativa (f) | percobaan | [pərtʃoba'an] |
| tentar (vt) | mencoba | [məntʃoba] |
| chance (m) | kans, peluang | [kans], [peluaŋ] |

## 67. Conflitos. Emoções negativas

| grito (m) | teriakan | [təriakan] |
|---|---|---|
| gritar (vi) | berteriak | [bərteria'] |
| começar a gritar | berteriak | [bərteria'] |

| discussão (f) | pertengkaran | [pərteŋkaran] |
|---|---|---|
| discutir (vt) | bertengkar | [bərteŋkar] |
| escândalo (m) | pertengkaran | [pərteŋkaran] |
| criar escândalo | bertengkar | [bərteŋkar] |
| conflito (m) | konflik | [konfli'] |
| mal-entendido (m) | kesalahpahaman | [kesalahpahaman] |

| insulto (m) | penghinaan | [peŋhina'an] |
|---|---|---|
| insultar (vt) | menghina | [məŋhina] |
| insultado | terhina | [tərhina] |
| ofensa (f) | perasaan tersinggung | [pərasa'an tərsiŋguŋ] |
| ofender (vt) | menyinggung | [mənjiŋguŋ] |
| ofender-se (vr) | tersinggung | [tərsiŋguŋ] |

| indignação (f) | kemarahan | [kemarahan] |
|---|---|---|
| indignar-se (vr) | marah | [marah] |
| queixa (f) | komplain, pengaduan | [kompleyn], [peŋaduan] |
| queixar-se (vr) | mengeluh | [məŋeluh] |

| desculpa (f) | permintaan maaf | [pərminta'an ma'af] |
|---|---|---|
| desculpar-se (vr) | meminta maaf | [meminta ma'af] |
| pedir perdão | minta maaf | [minta ma'af] |

| crítica (f) | kritik | [kriti'] |
|---|---|---|
| criticar (vt) | mengkritik | [məŋkriti'] |
| acusação (f) | tuduhan | [tuduhan] |
| acusar (vt) | menuduh | [mənuduh] |

| vingança (f) | dendam | [dendam] |
|---|---|---|
| vingar (vt) | membalas dendam | [membalas dendam] |
| vingar-se (vr) | membalas | [membalas] |

| desprezo (m) | penghinaan | [peŋhina'an] |
|---|---|---|
| desprezar (vt) | benci, membenci | [bentʃi], [membentʃi] |
| ódio (m) | rasa benci | [rasa bentʃi] |
| odiar (vt) | membenci | [membentʃi] |

| nervoso | gugup, grogi | [gugup], [grogi] |
|---|---|---|
| estar nervoso | gugup, gelisah | [gugup], [gelisah] |
| zangado | marah | [marah] |
| zangar (vt) | membuat marah | [membuat marah] |

| humilhação (f) | penghinaan | [peŋhina'an] |
|---|---|---|
| humilhar (vt) | merendahkan | [merendahkan] |
| humilhar-se (vr) | merendahkan diri sendiri | [merendahkan diri sendiri] |

| choque (m) | keterkejutan | [keterkedʒʲutan] |
|---|---|---|
| chocar (vt) | mengejutkan | [məŋedʒʲutkan] |
| aborrecimento (m) | kesulitan | [kesulitan] |

| desagradável | tidak menyenangkan | [tida' menjenaŋkan] |
| medo (m) | ketakutan | [ketakutan] |
| terrível (tempestade, etc.) | dahsyat | [dahʃat] |
| assustador (ex. história ~a) | menakutkan | [mənakutkan] |
| horror (m) | horor, ketakutan | [horor], [ketakutan] |
| horrível (crime, etc.) | buruk, parah | [buruk], [parah] |

| começar a tremer | gemetar | [gemetar] |
| chorar (vi) | menangis | [mənaŋis] |
| começar a chorar | menangis | [mənaŋis] |
| lágrima (f) | air mata | [air mata] |

| falta (f) | kesalahan | [kesalahan] |
| culpa (f) | rasa bersalah | [rasa bərsalah] |
| desonra (f) | aib | [aib] |
| protesto (m) | protes | [protes] |
| stresse (m) | stres | [stres] |

| perturbar (vt) | mengganggu | [məŋgaŋgu] |
| zangar-se com ... | marah | [marah] |
| zangado | marah | [marah] |
| terminar (vt) | menghentikan | [məŋhentikan] |
| praguejar | menyumpahi | [mənyumpahi] |

| assustar-se | takut | [takut] |
| golpear (vt) | memukul | [memukul] |
| brigar (na rua, etc.) | berkelahi | [bərkelahi] |

| resolver (o conflito) | menyelesaikan | [mənjelesajkan] |
| descontente | tidak puas | [tida' puas] |
| furioso | garam | [garam] |

| Não está bem! | Tidak baik! | [tida' bai'!] |
| É mau! | Jelek! Buruk! | [dʒ'ele'!], [buru'!] |

# Medicina

## 68. Doenças

| | | |
|---|---|---|
| doença (f) | penyakit | [penjakit] |
| estar doente | sakit | [sakit] |
| saúde (f) | kesehatan | [kesehatan] |
| | | |
| nariz (m) a escorrer | hidung meler | [hiduŋ meler] |
| amigdalite (f) | radang tonsil | [radaŋ tonsil] |
| constipação (f) | pilek, selesma | [pilek], [selesma] |
| constipar-se (vr) | masuk angin | [masu' aŋin] |
| | | |
| bronquite (f) | bronkitis | [bronkitis] |
| pneumonia (f) | radang paru-paru | [radaŋ paru-paru] |
| gripe (f) | flu | [flu] |
| | | |
| míope | rabun jauh | [rabun ʤʲauh] |
| presbita | rabun dekat | [rabun dekat] |
| estrabismo (m) | mata juling | [mata ʤʲuliŋ] |
| estrábico | bermata juling | [bərmata ʤʲuliŋ] |
| catarata (f) | katarak | [katara'] |
| glaucoma (m) | glaukoma | [glaukoma] |
| | | |
| AVC (m), apoplexia (f) | stroke | [stroke] |
| ataque (m) cardíaco | infark | [infar'] |
| enfarte (m) do miocárdio | serangan jantung | [seraŋan ʤʲantuŋ] |
| paralisia (f) | kelumpuhan | [kelumpuhan] |
| paralisar (vt) | melumpuhkan | [melumpuhkan] |
| | | |
| alergia (f) | alergi | [alergi] |
| asma (f) | asma | [asma] |
| diabetes (f) | diabetes | [diabetes] |
| | | |
| dor (f) de dentes | sakit gigi | [sakit gigi] |
| cárie (f) | karies | [karies] |
| | | |
| diarreia (f) | diare | [diare] |
| prisão (f) de ventre | konstipasi, sembelit | [konstipasi], [sembelit] |
| desarranjo (m) intestinal | gangguan pencernaan | [gaŋuan pentʃarna'an] |
| intoxicação (f) alimentar | keracunan makanan | [keratʃunan makanan] |
| intoxicar-se | keracunan makanan | [keratʃunan makanan] |
| | | |
| artrite (f) | artritis | [artritis] |
| raquitismo (m) | rakitis | [rakitis] |
| reumatismo (m) | rematik | [remati'] |
| arteriosclerose (f) | aterosklerosis | [aterosklerosis] |
| | | |
| gastrite (f) | radang perut | [radaŋ pərut] |
| apendicite (f) | apendisitis | [apendisitis] |

| | | |
|---|---|---|
| colecistite (f) | radang pundi empedu | [radaŋ pundi empedu] |
| úlcera (f) | tukak lambung | [tuka' lambuŋ] |
| | | |
| sarampo (m) | penyakit campak | [penjakit ʧampa'] |
| rubéola (f) | penyakit campak Jerman | [penjakit ʧampa' dʒ!erman] |
| iterícia (f) | sakit kuning | [sakit kuniŋ] |
| hepatite (f) | hepatitis | [hepatitis] |
| | | |
| esquizofrenia (f) | skizofrenia | [skizofrenia] |
| raiva (f) | rabies | [rabies] |
| neurose (f) | neurosis | [neurosis] |
| comoção (f) cerebral | gegar otak | [gegar ota'] |
| | | |
| cancro (m) | kanker | [kanker] |
| esclerose (f) | sklerosis | [sklerosis] |
| esclerose (f) múltipla | sklerosis multipel | [sklerosis multipel] |
| | | |
| alcoolismo (m) | alkoholisme | [alkoholisme] |
| alcoólico (m) | alkoholik | [alkoholi'] |
| sífilis (f) | sifilis | [sifilis] |
| SIDA (f) | AIDS | [ajds] |
| | | |
| tumor (m) | tumor | [tumor] |
| maligno | ganas | [ganas] |
| benigno | jinak | [dʒina'] |
| | | |
| febre (f) | demam | [demam] |
| malária (f) | malaria | [malaria] |
| gangrena (f) | gangren | [gaŋren] |
| enjoo (m) | mabuk laut | [mabu' laut] |
| epilepsia (f) | epilepsi | [epilepsi] |
| | | |
| epidemia (f) | epidemi | [epidemi] |
| tifo (m) | tifus | [tifus] |
| tuberculose (f) | tuberkulosis | [tuberkulosis] |
| cólera (f) | kolera | [kolera] |
| peste (f) | penyakit pes | [penjakit pes] |

## 69. Sintomas. Tratamentos. Parte 1

| | | |
|---|---|---|
| sintoma (m) | gejala | [gedʒ!ala] |
| temperatura (f) | temperatur, suhu | [temperatur], [suhu] |
| febre (f) | temperatur tinggi | [temperatur tiŋgi] |
| pulso (m) | denyut nadi | [denyut nadi] |
| | | |
| vertigem (f) | rasa pening | [rasa peniŋ] |
| quente (testa, etc.) | panas | [panas] |
| calafrio (m) | menggigil | [məŋgigil] |
| pálido | pucat | [puʧat] |
| | | |
| tosse (f) | batuk | [batu'] |
| tossir (vi) | batuk | [batu'] |
| espirrar (vi) | bersin | [bersin] |
| desmaio (m) | pingsan | [piŋsan] |

| | | |
|---|---|---|
| desmaiar (vi) | jatuh pingsan | [dʒiatuh piŋsan] |
| nódoa (f) negra | luka memar | [luka memar] |
| galo (m) | bengkak | [beŋkaʔ] |
| magoar-se (vr) | terantuk | [tərantuʔ] |
| pisadura (f) | luka memar | [luka memar] |
| aleijar-se (vr) | kena luka memar | [kena luka memar] |
| | | |
| coxear (vi) | pincang | [pintʃaŋ] |
| deslocação (f) | keseleo | [keseleo] |
| deslocar (vt) | keseleo | [keseleo] |
| fratura (f) | fraktura, patah tulang | [fraktura], [patah tulaŋ] |
| fraturar (vt) | patah tulang | [patah tulaŋ] |
| | | |
| corte (m) | teriris | [təriris] |
| cortar-se (vr) | teriris | [təriris] |
| hemorragia (f) | perdarahan | [pərdarahan] |
| | | |
| queimadura (f) | luka bakar | [luka bakar] |
| queimar-se (vr) | menderita luka bakar | [mənderita luka bakar] |
| | | |
| picar (vt) | menusuk | [mənusuʔ] |
| picar-se (vr) | tertusuk | [tərtusuʔ] |
| lesionar (vt) | melukai | [melukaj] |
| lesão (m) | cedera | [tʃedera] |
| ferida (f), ferimento (m) | luka | [luka] |
| trauma (m) | trauma | [trauma] |
| | | |
| delirar (vi) | mengigau | [məŋigau] |
| gaguejar (vi) | gagap | [gagap] |
| insolação (f) | sengatan matahari | [seŋatan matahari] |

## 70. Sintomas. Tratamentos. Parte 2

| | | |
|---|---|---|
| dor (f) | sakit | [sakit] |
| farpa (no dedo) | selumbar | [selumbar] |
| | | |
| suor (m) | keringat | [keriŋat] |
| suar (vi) | berkeringat | [bərkeriŋat] |
| vómito (m) | muntah | [muntah] |
| convulsões (f pl) | kram | [kram] |
| | | |
| grávida | hamil | [hamil] |
| nascer (vi) | lahir | [lahir] |
| parto (m) | persalinan | [pərsalinan] |
| dar à luz | melahirkan | [melahirkan] |
| aborto (m) | aborsi | [aborsi] |
| | | |
| respiração (f) | pernapasan | [pərnapasan] |
| inspiração (f) | tarikan napas | [tarikan napas] |
| expiração (f) | napas keluar | [napas keluar] |
| expirar (vi) | mengembuskan napas | [məŋembuskan napas] |
| inspirar (vi) | menarik napas | [mənariʔ napas] |
| inválido (m) | penderita cacat | [penderita tʃatʃat] |
| aleijado (m) | penderita cacat | [penderita tʃatʃat] |

| | | |
|---|---|---|
| toxicodependente (m) | pecandu narkoba | [petʃandu narkoba] |
| surdo | tunarungu | [tunaruŋu] |
| mudo | tunawicara | [tunawitʃara] |
| surdo-mudo | tunarungu-wicara | [tunaruŋu-witʃara] |
| louco (adj.) | gila | [gila] |
| louco (m) | lelaki gila | [lelaki gila] |
| louca (f) | perempuan gila | [pərempuan gila] |
| ficar louco | menggila | [məŋgila] |
| gene (m) | gen | [gen] |
| imunidade (f) | imunitas | [imunitas] |
| hereditário | turun-temurun | [turun-temurun] |
| congénito | bawaan | [bawaʔan] |
| vírus (m) | virus | [virus] |
| micróbio (m) | mikroba | [mikroba] |
| bactéria (f) | bakteri | [bakteri] |
| infeção (f) | infeksi | [infeksi] |

## 71. Sintomas. Tratamentos. Parte 3

| | | |
|---|---|---|
| hospital (m) | rumah sakit | [rumah sakit] |
| paciente (m) | pasien | [pasien] |
| diagnóstico (m) | diagnosis | [diagnosis] |
| cura (f) | perawatan | [pərawatan] |
| tratamento (m) médico | pengobatan medis | [peŋobatan medis] |
| curar-se (vr) | berobat | [bərobat] |
| tratar (vt) | merawat | [merawat] |
| cuidar (pessoa) | merawat | [merawat] |
| cuidados (m pl) | pengasuhan | [peɲasuhan] |
| operação (f) | operasi, pembedahan | [operasi], [pembedahan] |
| enfaixar (vt) | membalut | [membalut] |
| enfaixamento (m) | pembalutan | [pembalutan] |
| vacinação (f) | vaksinasi | [vaksinasi] |
| vacinar (vt) | memvaksinasi | [memvaksinasi] |
| injeção (f) | suntikan | [suntikan] |
| dar uma injeção | menyuntik | [məɲuntiʔ] |
| ataque (~ de asma, etc.) | serangan | [seraŋan] |
| amputação (f) | amputasi | [amputasi] |
| amputar (vt) | mengamputasi | [məŋamputasi] |
| coma (f) | koma | [koma] |
| estar em coma | dalam keadaan koma | [dalam keadaʔan koma] |
| reanimação (f) | perawatan intensif | [pərawatan intensif] |
| recuperar-se (vr) | sembuh | [sembuh] |
| estado (~ de saúde) | keadaan | [keadaʔan] |
| consciência (f) | kesadaran | [kesadaran] |
| memória (f) | memori, daya ingat | [memori], [daja iŋat] |
| tirar (vt) | mencabut | [məntʃabut] |

| chumbo (m), obturação (f) | tambalan | [tambalan] |
| chumbar, obturar (vt) | menambal | [mənambal] |

| hipnose (f) | hipnosis | [hipnosis] |
| hipnotizar (vt) | menghipnosis | [məŋhipnosis] |

## 72. Médicos

| médico (m) | dokter | [dokter] |
| enfermeira (f) | suster, juru rawat | [suster], [dʒ<sup>i</sup>uru rawat] |
| médico (m) pessoal | dokter pribadi | [dokter pribadi] |

| dentista (m) | dokter gigi | [dokter gigi] |
| oculista (m) | dokter mata | [dokter mata] |
| terapeuta (m) | ahli penyakit dalam | [ahli penjakit dalam] |
| cirurgião (m) | dokter bedah | [dokter bedah] |

| psiquiatra (m) | psikiater | [psikiater] |
| pediatra (m) | dokter anak | [dokter ana<sup>ʔ</sup>] |
| psicólogo (m) | psikolog | [psikolog] |
| ginecologista (m) | ginekolog | [ginekolog] |
| cardiologista (m) | kardiolog | [kardiolog] |

## 73. Medicina. Drogas. Acessórios

| medicamento (m) | obat | [obat] |
| remédio (m) | obat | [obat] |
| receitar (vt) | meresepkan | [meresepkan] |
| receita (f) | resep | [resep] |

| comprimido (m) | pil, tablet | [pil], [tablet] |
| pomada (f) | salep | [salep] |
| ampola (f) | ampul | [ampul] |
| preparado (m) | obat cair | [obat tʃajr] |
| xarope (m) | sirop | [sirop] |
| cápsula (f) | pil | [pil] |
| remédio (m) em pó | bubuk | [bubu<sup>ʔ</sup>] |

| ligadura (f) | perban | [perban] |
| algodão (m) | kapas | [kapas] |
| iodo (m) | iodium | [iodium] |

| penso (m) rápido | plester obat | [plester obat] |
| conta-gotas (m) | tetes mata | [tetes mata] |
| termómetro (m) | termometer | [tərmometər] |
| seringa (f) | alat suntik | [alat sunti<sup>ʔ</sup>] |

| cadeira (f) de rodas | kursi roda | [kursi roda] |
| muletas (f pl) | kruk | [kru<sup>ʔ</sup>] |

| analgésico (m) | obat bius | [obat bius] |
| laxante (m) | laksatif, obat pencuci perut | [laksatif], [obat pentʃutʃi pərut] |

| | | |
|---|---|---|
| álcool (m) etílico | **spiritus, alkohol** | [spiritus], [alkohol] |
| ervas (f pl) medicinais | **tanaman obat** | [tanaman obat] |
| de ervas (chá ~) | **herbal** | [herbal] |

## 74. Fumar. Produtos tabágicos

| | | |
|---|---|---|
| tabaco (m) | **tembakau** | [tembakau] |
| cigarro (m) | **rokok** | [roko'] |
| charuto (m) | **cerutu** | [ʧerutu] |
| cachimbo (m) | **pipa** | [pipa] |
| maço (~ de cigarros) | **bungkus** | [buŋkus] |
| | | |
| fósforos (m pl) | **korek api** | [kore' api] |
| caixa (f) de fósforos | **kotak korek api** | [kota' kore' api] |
| isqueiro (m) | **pemantik** | [pemanti'] |
| cinzeiro (m) | **asbak** | [asba'] |
| cigarreira (f) | **selepa** | [selepa] |
| | | |
| boquilha (f) | **pemegang rokok** | [pemegaŋ roko'] |
| filtro (m) | **filter** | [filter] |
| | | |
| fumar (vi, vt) | **merokok** | [meroko'] |
| acender um cigarro | **menyulut rokok** | [mənyulut roko'] |
| tabagismo (m) | **merokok** | [meroko'] |
| fumador (m) | **perokok** | [pəroko'] |
| | | |
| beata (f) | **puntung rokok** | [puntuŋ roko'] |
| fumo (m) | **asap** | [asap] |
| cinza (f) | **abu** | [abu] |

# HABITAT HUMANO

## Cidade

### 75. Cidade. Vida na cidade

| | | |
|---|---|---|
| cidade (f) | kota | [kota] |
| capital (f) | ibu kota | [ibu kota] |
| aldeia (f) | desa | [desa] |
| | | |
| mapa (m) da cidade | peta kota | [peta kota] |
| centro (m) da cidade | pusat kota | [pusat kota] |
| subúrbio (m) | pinggir kota | [piŋgir kota] |
| suburbano | pinggir kota | [piŋgir kota] |
| | | |
| periferia (f) | pinggir | [piŋgir] |
| arredores (m pl) | daerah sekitarnya | [daerah sekitarnja] |
| quarteirão (m) | blok | [bloʔ] |
| quarteirão (m) residencial | blok perumahan | [bloʔ pərumahan] |
| | | |
| tráfego (m) | lalu lintas | [lalu lintas] |
| semáforo (m) | lampu lalu lintas | [lampu lalu lintas] |
| transporte (m) público | angkot | [aŋkot] |
| cruzamento (m) | persimpangan | [pərsimpaŋan] |
| | | |
| passadeira (f) | penyeberangan | [penjeberaŋan] |
| passagem (f) subterrânea | terowongan penyeberangan | [tərowoŋan penjeberaŋan] |
| | | |
| cruzar, atravessar (vt) | menyeberang | [mənjeberaŋ] |
| peão (m) | pejalan kaki | [pedʒʲalan kaki] |
| passeio (m) | trotoar | [trotoar] |
| | | |
| ponte (f) | jembatan | [dʒʲembatan] |
| margem (f) do rio | tepi sungai | [tepi suŋaj] |
| fonte (f) | air mancur | [air mantʃur] |
| | | |
| alameda (f) | jalan kecil | [dʒʲalan ketʃil] |
| parque (m) | taman | [taman] |
| bulevar (m) | bulevar, adimarga | [bulevar], [adimarga] |
| praça (f) | lapangan | [lapaŋan] |
| avenida (f) | jalan raya | [dʒʲalan raja] |
| rua (f) | jalan | [dʒʲalan] |
| travessa (f) | gang | [gaŋ] |
| beco (m) sem saída | jalan buntu | [dʒʲalan buntu] |
| | | |
| casa (f) | rumah | [rumah] |
| edifício, prédio (m) | gedung | [geduŋ] |
| arranha-céus (m) | pencakar langit | [pentʃakar laŋit] |
| fachada (f) | bagian depan | [bagian depan] |

| | | |
|---|---|---|
| telhado (m) | **atap** | [atap] |
| janela (f) | **jendela** | [dʒ'endela] |
| arco (m) | **lengkungan** | [leŋkuŋan] |
| coluna (f) | **pilar** | [pilar] |
| esquina (f) | **sudut** | [sudut] |
| | | |
| montra (f) | **etalase** | [etalase] |
| letreiro (m) | **papan nama** | [papan nama] |
| cartaz (m) | **poster** | [poster] |
| cartaz (m) publicitário | **poster iklan** | [poster iklan] |
| painel (m) publicitário | **papan iklan** | [papan iklan] |
| | | |
| lixo (m) | **sampah** | [sampah] |
| cesta (f) do lixo | **tong sampah** | [toŋ sampah] |
| jogar lixo na rua | **menyampah** | [mənjampah] |
| aterro (m) sanitário | **tempat pemrosesan akhir (TPA)** | [tempat pemrosesan ahir] |
| | | |
| cabine (f) telefónica | **gardu telepon umum** | [gardu telepon umum] |
| candeeiro (m) de rua | **tiang lampu** | [tiaŋ lampu] |
| banco (m) | **bangku** | [baŋku] |
| | | |
| polícia (m) | **polisi** | [polisi] |
| polícia (instituição) | **polisi, kepolisian** | [polisi], [kepolisian] |
| mendigo (m) | **pengemis** | [peŋemis] |
| sem-abrigo (m) | **tuna wisma** | [tuna wisma] |

## 76. Instituições urbanas

| | | |
|---|---|---|
| loja (f) | **toko** | [toko] |
| farmácia (f) | **apotek, toko obat** | [apotek], [toko obat] |
| ótica (f) | **optik** | [opti'] |
| centro (m) comercial | **toserba** | [toserba] |
| supermercado (m) | **pasar swalayan** | [pasar swalajan] |
| | | |
| padaria (f) | **toko roti** | [toko roti] |
| padeiro (m) | **pembuat roti** | [pembuat roti] |
| pastelaria (f) | **toko kue** | [toko kue] |
| mercearia (f) | **toko pangan** | [toko paŋan] |
| talho (m) | **toko daging** | [toko dagiŋ] |
| | | |
| loja (f) de legumes | **toko sayur** | [toko sajur] |
| mercado (m) | **pasar** | [pasar] |
| | | |
| café (m) | **warung kopi** | [waruŋ kopi] |
| restaurante (m) | **restoran** | [restoran] |
| bar (m), cervejaria (f) | **kedai bir** | [kedaj bir] |
| pizzaria (f) | **kedai piza** | [kedaj piza] |
| | | |
| salão (m) de cabeleireiro | **salon rambut** | [salon rambut] |
| correios (m pl) | **kantor pos** | [kantor pos] |
| lavandaria (f) | **penatu kimia** | [penatu kimia] |
| estúdio (m) fotográfico | **studio foto** | [studio foto] |
| sapataria (f) | **toko sepatu** | [toko sepatu] |

| livraria (f) | toko buku | [toko buku] |
| loja (f) de artigos de desporto | toko alat olahraga | [toko alat olahraga] |

| reparação (f) de roupa | reparasi pakaian | [reparasi pakajan] |
| aluguer (m) de roupa | rental pakaian | [rental pakajan] |
| aluguer (m) de filmes | rental film | [rental film] |

| circo (m) | sirkus | [sirkus] |
| jardim (m) zoológico | kebun binatang | [kebun binataŋ] |
| cinema (m) | bioskop | [bioskop] |
| museu (m) | museum | [museum] |
| biblioteca (f) | perpustakaan | [pərpustaka'an] |

| teatro (m) | teater | [teater] |
| ópera (f) | opera | [opera] |
| clube (m) noturno | klub malam | [klub malam] |
| casino (m) | kasino | [kasino] |

| mesquita (f) | masjid | [masdʒid] |
| sinagoga (f) | sinagoga, kanisah | [sinagoga], [kanisah] |
| catedral (f) | katedral | [katedral] |
| templo (m) | kuil, candi | [kuil], [tʃandi] |
| igreja (f) | gereja | [geredʒia] |

| instituto (m) | institut, perguruan tinggi | [institut], [pərguruan tiŋgi] |
| universidade (f) | universitas | [universitas] |
| escola (f) | sekolah | [sekolah] |

| prefeitura (f) | prefektur, distrik | [prefektur], [distri'] |
| câmara (f) municipal | balai kota | [balaj kota] |
| hotel (m) | hotel | [hotel] |
| banco (m) | bank | [ban'] |

| embaixada (f) | kedutaan besar | [keduta'an besar] |
| agência (f) de viagens | kantor pariwisata | [kantor pariwisata] |
| agência (f) de informações | kantor penerangan | [kantor peneraŋan] |
| casa (f) de câmbio | kantor penukaran uang | [kantor penukaran uaŋ] |

| metro (m) | kereta api bawah tanah | [kereta api bawah tanah] |
| hospital (m) | rumah sakit | [rumah sakit] |

| posto (m) de gasolina | SPBU, stasiun bensin | [es-pe-be-u], [stasjun bensin] |
| parque (m) de estacionamento | tempat parkir | [tempat parkir] |

## 77. Transportes urbanos

| autocarro (m) | bus | [bus] |
| elétrico (m) | trem | [trem] |
| troleicarro (m) | bus listrik | [bus listri'] |
| itinerário (m) | trayek | [trae'] |
| número (m) | nomor | [nomor] |

| ir de ... (carro, etc.) | naik ... | [nai' ...] |
| entrar (~ no autocarro) | naik | [nai'] |

| descer de ... | turun ... | [turun ...] |
| paragem (f) | halte, pemberhentian | [halte], [pemberhentian] |
| próxima paragem (f) | halte berikutnya | [halte bərikutnja] |
| ponto (m) final | halte terakhir | [halte tərahir] |
| horário (m) | jadwal | [dʒ'adwal] |
| esperar (vt) | menunggu | [mənuŋgu] |
| | | |
| bilhete (m) | tiket | [tiket] |
| custo (m) do bilhete | harga karcis | [harga kartʃis] |
| | | |
| bilheteiro (m) | kasir | [kasir] |
| controlo (m) dos bilhetes | pemeriksaan tiket | [pemeriksa'an tiket] |
| revisor (m) | kondektur | [kondektur] |
| | | |
| atrasar-se (vr) | terlambat ... | [tərlambat ...] |
| perder (o autocarro, etc.) | ketinggalan | [ketiŋgalan] |
| estar com pressa | tergesa-gesa | [tərgesa-gesa] |
| | | |
| táxi (m) | taksi | [taksi] |
| taxista (m) | sopir taksi | [sopir taksi] |
| de táxi (ir ~) | naik taksi | [nai' taksi] |
| praça (f) de táxis | pangkalan taksi | [paŋkalan taksi] |
| chamar um táxi | memanggil taksi | [memaŋgil taksi] |
| apanhar um táxi | menaiki taksi | [mənajki taksi] |
| | | |
| tráfego (m) | lalu lintas | [lalu lintas] |
| engarrafamento (m) | kemacetan lalu lintas | [kematʃetan lalu lintas] |
| horas (f pl) de ponta | jam sibuk | [dʒ'am sibu'] |
| estacionar (vi) | parkir | [parkir] |
| estacionar (vt) | memarkir | [memarkir] |
| parque (m) de estacionamento | tempat parkir | [tempat parkir] |
| | | |
| metro (m) | kereta api bawah tanah | [kereta api bawah tanah] |
| estação (f) | stasiun | [stasiun] |
| ir de metro | naik kereta api bawah tanah | [nai' kereta api bawah tanah] |
| comboio (m) | kereta api | [kereta api] |
| estação (f) | stasiun kereta api | [stasiun kereta api] |

## 78. Turismo

| monumento (m) | monumen, patung | [monumen], [patuŋ] |
| fortaleza (f) | benteng | [benteŋ] |
| palácio (m) | istana | [istana] |
| castelo (m) | kastil | [kastil] |
| torre (f) | menara | [mənara] |
| mausoléu (m) | mausoleum | [mausoleum] |
| | | |
| arquitetura (f) | arsitektur | [arsitektur] |
| medieval | abad pertengahan | [abad pərteŋahan] |
| antigo | kuno | [kuno] |
| nacional | nasional | [nasional] |
| conhecido | terkenal | [tərkenal] |
| turista (m) | turis, wisatawan | [turis], [wisatawan] |

| | | |
|---|---|---|
| guia (pessoa) | pemandu wisata | [pemandu wisata] |
| excursão (f) | ekskursi | [ekskursi] |
| mostrar (vt) | menunjukkan | [mənundʒiuʔkan] |
| contar (vt) | menceritakan | [məntʃeritakan] |
| encontrar (vt) | mendapatkan | [məndapatkan] |
| perder-se (vr) | tersesat | [tərsesat] |
| mapa (~ do metrô) | denah | [denah] |
| mapa (~ da cidade) | peta | [peta] |
| lembrança (f), presente (m) | suvenir | [suvenir] |
| loja (f) de presentes | toko suvenir | [toko suvenir] |
| fotografar (vt) | memotret | [memotret] |
| fotografar-se | berfoto | [bərfoto] |

## 79. Compras

| | | |
|---|---|---|
| comprar (vt) | membeli | [membeli] |
| compra (f) | belanjaan | [belandʒiaʔan] |
| fazer compras | berbelanja | [bərbelandʒia] |
| compras (f pl) | berbelanja | [bərbelandʒia] |
| estar aberta (loja, etc.) | buka | [buka] |
| estar fechada | tutup | [tutup] |
| calçado (m) | sepatu | [sepatu] |
| roupa (f) | pakaian | [pakajan] |
| cosméticos (m pl) | kosmetik | [kosmetiʔ] |
| alimentos (m pl) | produk makanan | [produʔ makanan] |
| presente (m) | hadiah | [hadiah] |
| vendedor (m) | pramuniaga | [pramuniaga] |
| vendedora (f) | pramuniaga perempuan | [pramuniaga pərempuan] |
| caixa (f) | kas | [kas] |
| espelho (m) | cermin | [tʃermin] |
| balcão (m) | konter | [konter] |
| cabine (f) de provas | kamar pas | [kamar pas] |
| provar (vt) | mengepas | [məŋepas] |
| servir (vi) | pas, cocok | [pas], [tʃotʃoʔ] |
| gostar (apreciar) | suka | [suka] |
| preço (m) | harga | [harga] |
| etiqueta (f) de preço | label harga | [label harga] |
| custar (vt) | berharga | [bərharga] |
| Quanto? | Berapa? | [bərapa?] |
| desconto (m) | diskon | [diskon] |
| não caro | tidak mahal | [tidaʔ mahal] |
| barato | murah | [murah] |
| caro | mahal | [mahal] |
| É caro | Ini mahal | [ini mahal] |
| aluguer (m) | rental, persewaan | [rental], [pərsewaʔan] |

| alugar (vestidos, etc.) | menyewa | [mənjewa] |
| crédito (m) | kredit | [kredit] |
| a crédito | secara kredit | [setʃara kredit] |

## 80. Dinheiro

| dinheiro (m) | uang | [uaŋ] |
| câmbio (m) | pertukaran mata uang | [pərtukaran mata uaŋ] |
| taxa (f) de câmbio | nilai tukar | [nilaj tukar] |
| Caixa Multibanco (m) | Anjungan Tunai Mandiri, ATM | [andʒˈuŋan tunaj mandiri], [a-te-em] |
| moeda (f) | koin | [koin] |

| dólar (m) | dolar | [dolar] |
| euro (m) | euro | [euro] |

| lira (f) | lira | [lira] |
| marco (m) | Mark Jerman | [marˀ dʒˈerman] |
| franco (m) | franc | [frantʃ] |
| libra (f) esterlina | poundsterling | [paundsterliŋ] |
| iene (m) | yen | [yen] |

| dívida (f) | utang | [utaŋ] |
| devedor (m) | pengutang | [peŋutaŋ] |
| emprestar (vt) | meminjamkan | [memindʒˈamkan] |
| pedir emprestado | meminjam | [memindʒˈam] |

| banco (m) | bank | [banˀ] |
| conta (f) | rekening | [rekeniŋ] |
| depositar (vt) | memasukkan | [memasuˀkan] |
| depositar na conta | memasukkan ke rekening | [memasuˀkan ke rekeniŋ] |
| levantar (vt) | menarik uang | [mənariˀ uaŋ] |

| cartão (m) de crédito | kartu kredit | [kartu kredit] |
| dinheiro (m) vivo | uang kontan, uang tunai | [uaŋ kontan], [uaŋ tunaj] |
| cheque (m) | cek | [tʃeˀ] |
| passar um cheque | menulis cek | [mənulis tʃeˀ] |
| livro (m) de cheques | buku cek | [buku tʃeˀ] |

| carteira (f) | dompet | [dompet] |
| porta-moedas (m) | dompet, pundi-pundi | [dompet], [pundi-pundi] |
| cofre (m) | brankas | [brankas] |

| herdeiro (m) | pewaris | [pewaris] |
| herança (f) | warisan | [warisan] |
| fortuna (riqueza) | kekayaan | [kekajaˀan] |

| arrendamento (m) | sewa | [sewa] |
| renda (f) de casa | uang sewa | [uaŋ sewa] |
| alugar (vt) | menyewa | [mənjewa] |

| preço (m) | harga | [harga] |
| custo (m) | harga | [harga] |
| soma (f) | jumlah | [dʒˈumlah] |

| | | |
|---|---|---|
| gastar (vt) | menghabiskan | [məŋhabiskan] |
| gastos (m pl) | ongkos | [oŋkos] |
| economizar (vi) | menghemat | [məŋhemat] |
| económico | hemat | [hemat] |
| pagar (vt) | membayar | [membajar] |
| pagamento (m) | pembayaran | [pembajaran] |
| troco (m) | kembalian | [kembalian] |
| imposto (m) | pajak | [padʒia'] |
| multa (f) | denda | [denda] |
| multar (vt) | mendenda | [məndenda] |

## 81. Correios. Serviço postal

| | | |
|---|---|---|
| correios (m pl) | kantor pos | [kantor pos] |
| correio (m) | surat | [surat] |
| carteiro (m) | tukang pos | [tukaŋ pos] |
| horário (m) | jam buka | [dʒiam buka] |
| carta (f) | surat | [surat] |
| carta (f) registada | surat tercatat | [surat tərtʃatat] |
| postal (m) | kartu pos | [kartu pos] |
| telegrama (m) | telegram | [telegram] |
| encomenda (f) postal | parsel, paket pos | [parsel], [paket pos] |
| remessa (f) de dinheiro | wesel pos | [wesel pos] |
| receber (vt) | menerima | [mənerima] |
| enviar (vt) | mengirim | [məŋirim] |
| envio (m) | pengiriman | [peŋiriman] |
| endereço (m) | alamat | [alamat] |
| código (m) postal | kode pos | [kode pos] |
| remetente (m) | pengirim | [peŋirim] |
| destinatário (m) | penerima | [penerima] |
| nome (m) | nama | [nama] |
| apelido (m) | nama keluarga | [nama keluarga] |
| tarifa (f) | tarif | [tarif] |
| ordinário | biasa, standar | [biasa], [standar] |
| económico | ekonomis | [ekonomis] |
| peso (m) | berat | [berat] |
| pesar (estabelecer o peso) | menimbang | [mənimbaŋ] |
| envelope (m) | amplop | [amplop] |
| selo (m) | prangko | [praŋko] |
| colar o selo | menempelkan prangko | [mənempelkan praŋko] |

# Moradia. Casa. Lar

## 82. Casa. Habitação

| | | |
|---|---|---|
| casa (f) | rumah | [rumah] |
| em casa | di rumah | [di rumah] |
| pátio (m) | pekarangan | [pekaraŋan] |
| cerca (f) | pagar | [pagar] |
| | | |
| tijolo (m) | bata, batu bata | [bata], [batu bata] |
| de tijolos | bata, batu bata | [bata], [batu bata] |
| pedra (f) | batu | [batu] |
| de pedra | batu | [batu] |
| betão (m) | beton | [beton] |
| de betão | beton | [beton] |
| | | |
| novo | baru | [baru] |
| velho | tua | [tua] |
| decrépito | reyot | [reyot] |
| moderno | modern | [modern] |
| de muitos andares | susun | [susun] |
| alto | tinggi | [tiŋgi] |
| | | |
| andar (m) | lantai | [lantaj] |
| de um andar | berlantai satu | [bərlantaj satu] |
| | | |
| andar (m) de baixo | lantai bawah | [lantaj bawah] |
| andar (m) de cima | lantai atas | [lantaj atas] |
| | | |
| telhado (m) | atap | [atap] |
| chaminé (f) | cerobong | [tʃeroboŋ] |
| | | |
| telha (f) | genting | [gentiŋ] |
| de telha | bergenting | [bərgentiŋ] |
| sótão (m) | loteng | [loteŋ] |
| | | |
| janela (f) | jendela | [dʒˈendela] |
| vidro (m) | kaca | [katʃa] |
| | | |
| parapeito (m) | ambang jendela | [ambaŋ dʒˈendela] |
| portadas (f pl) | daun jendela | [daun dʒˈendela] |
| | | |
| parede (f) | dinding | [dindiŋ] |
| varanda (f) | balkon | [balkon] |
| tubo (m) de queda | pipa talang | [pipa talaŋ] |
| | | |
| em cima | di atas | [di atas] |
| subir (~ as escadas) | naik | [naiʔ] |
| descer (vi) | turun | [turun] |
| mudar-se (vr) | pindah | [pindah] |

## 83. Casa. Entrada. Elevador

| | | |
|---|---|---|
| entrada (f) | pintu masuk | [pintu masuʔ] |
| escada (f) | tangga | [taŋga] |
| degraus (m pl) | anak tangga | [anaʔ taŋga] |
| corrimão (m) | pegangan tangan | [pegaŋan taŋan] |
| hall (m) de entrada | lobi, ruang depan | [lobi], [ruaŋ depan] |
| | | |
| caixa (f) de correio | kotak pos | [kotaʔ pos] |
| caixote (m) do lixo | tong sampah | [toŋ sampah] |
| conduta (f) do lixo | saluran pembuangan sampah | [saluran pembuaŋan sampah] |
| | | |
| elevador (m) | elevator | [elevator] |
| elevador (m) de carga | lift barang | [lift baraŋ] |
| cabine (f) | kabin lift | [kabin lift] |
| pegar o elevador | naik elevator | [naiʔ elevator] |
| | | |
| apartamento (m) | apartemen | [apartemen] |
| moradores (m pl) | penghuni | [peŋhuni] |
| vizinho (m) | tetangga | [tetaŋga] |
| vizinha (f) | tetangga | [tetaŋga] |
| vizinhos (pl) | para tetangga | [para tetaŋga] |

## 84. Casa. Portas. Fechaduras

| | | |
|---|---|---|
| porta (f) | pintu | [pintu] |
| portão (m) | pintu gerbang | [pintu gerbaŋ] |
| maçaneta (f) | gagang pintu | [gagaŋ pintu] |
| destrancar (vt) | membuka kunci | [membuka kuntʃi] |
| abrir (vt) | membuka | [membuka] |
| fechar (vt) | menutup | [mənutup] |
| | | |
| chave (f) | kunci | [kuntʃi] |
| molho (m) | serangkaian kunci | [seraŋkajan kuntʃi] |
| ranger (vi) | bergerit | [bərgerit] |
| rangido (m) | gerit | [gerit] |
| dobradiça (f) | engsel | [eŋsel] |
| tapete (m) de entrada | tikar | [tikar] |
| | | |
| fechadura (f) | kunci pintu | [kuntʃi pintu] |
| buraco (m) da fechadura | lubang kunci | [lubaŋ kuntʃi] |
| ferrolho (m) | gerendel | [gerendel] |
| fecho (ferrolho pequeno) | gerendel | [gerendel] |
| cadeado (m) | gembok | [gemboʔ] |
| | | |
| tocar (vt) | membunyikan | [membunjikan] |
| toque (m) | dering | [deriŋ] |
| campainha (f) | bel | [bel] |
| botão (m) | kenop | [kenop] |
| batida (f) | ketukan | [ketukan] |
| bater (vi) | mengetuk | [məŋetuʔ] |
| código (m) | kode | [kode] |

| fechadura (f) de código | gembok berkode | [gembo' berkode] |
| telefone (m) de porta | interkom | [interkom] |
| número (m) | nomor | [nomor] |
| placa (f) de porta | papan tanda | [papan tanda] |
| vigia (f), olho (m) mágico | lubang intip | [lubaŋ intip] |

## 85. Casa de campo

| aldeia (f) | desa | [desa] |
| horta (f) | kebun sayur | [kebun sajur] |
| cerca (f) | pagar | [pagar] |
| paliçada (f) | pagar | [pagar] |
| cancela (f) do jardim | pintu pagar | [pintu pagar] |

| celeiro (m) | lumbung | [lumbuŋ] |
| adega (f) | kelder | [kelder] |
| galpão, barracão (m) | gubuk | [gubu'] |
| poço (m) | sumur | [sumur] |

| fogão (m) | tungku | [tuŋku] |
| atiçar o fogo | menyalakan tungku | [mənjalakan tuŋku] |

| lenha (carvão ou ~) | kayu bakar | [kaju bakar] |
| acha (lenha) | potongan kayu bakar | [potoŋan kaju bakar] |

| varanda (f) | beranda | [bəranda] |
| alpendre (m) | teras | [teras] |
| degraus (m pl) de entrada | anjungan depan | [andʒ'uŋan depan] |
| balouço (m) | ayunan | [ajunan] |

## 86. Castelo. Palácio

| castelo (m) | kastil | [kastil] |
| palácio (m) | istana | [istana] |
| fortaleza (f) | benteng | [benteŋ] |

| muralha (f) | tembok | [tembo'] |
| torre (f) | menara | [mənara] |
| calabouço (m) | menara utama | [mənara utama] |

| grade (f) levadiça | jeruji pintu kota | [dʒ'erudʒi pintu kota] |
| passagem (f) subterrânea | jalan bawah tanah | [dʒ'alan bawah tanah] |
| fosso (m) | parit | [parit] |

| corrente, cadeia (f) | rantai | [rantaj] |
| seteira (f) | laras panah, lop panah | [laras panah], [lop panah] |

| magnífico | megah | [megah] |
| majestoso | megah sekali | [megah sekali] |

| inexpugnável | sulit dicapai | [sulit ditʃapaj] |
| medieval | abad pertengahan | [abad pərteŋahan] |

## 87. Apartamento

| | | |
|---|---|---|
| apartamento (m) | apartemen | [apartemen] |
| quarto (m) | kamar | [kamar] |
| quarto (m) de dormir | kamar tidur | [kamar tidur] |
| sala (f) de jantar | ruang makan | [ruaŋ makan] |
| sala (f) de estar | ruang tamu | [ruaŋ tamu] |
| escritório (m) | ruang kerja | [ruaŋ kerdʒʲa] |
| | | |
| antessala (f) | ruang depan | [ruaŋ depan] |
| quarto (m) de banho | kamar mandi | [kamar mandi] |
| toilette (lavabo) | kamar kecil | [kamar ketʃil] |
| | | |
| teto (m) | plafon, langit-langit | [plafon], [laŋit-laŋit] |
| chão, soalho (m) | lantai | [lantaj] |
| canto (m) | sudut | [sudut] |

## 88. Apartamento. Limpeza

| | | |
|---|---|---|
| arrumar, limpar (vt) | membereskan | [membereskan] |
| guardar (no armário, etc.) | meletakkan | [meletaʔkan] |
| | | |
| pó (m) | debu | [debu] |
| empoeirado | debu | [debu] |
| limpar o pó | menyapu debu | [mənjapu debu] |
| aspirador (m) | pengisap debu | [peŋisap debu] |
| aspirar (vt) | membersihkan dengan pengisap debu | [membersihkan deŋan peŋisap debu] |
| | | |
| varrer (vt) | menyapu | [mənjapu] |
| sujeira (f) | sampah | [sampah] |
| arrumação (f), ordem (f) | kerapian | [kerapian] |
| desordem (f) | berantakan | [bərantakan] |
| | | |
| esfregão (m) | kain pel | [kain pel] |
| pano (m), trapo (m) | lap | [lap] |
| vassoura (f) | sapu lidi | [sapu lidi] |
| pá (f) de lixo | pengki | [peŋki] |

## 89. Mobiliário. Interior

| | | |
|---|---|---|
| mobiliário (m) | mebel | [mebel] |
| mesa (f) | meja | [medʒʲa] |
| cadeira (f) | kursi | [kursi] |
| cama (f) | ranjang | [randʒʲaŋ] |
| divã (m) | dipan | [dipan] |
| cadeirão (m) | kursi malas | [kursi malas] |
| | | |
| estante (f) | lemari buku | [lemari buku] |
| prateleira (f) | rak | [raʔ] |
| guarda-vestidos (m) | lemari pakaian | [lemari pakajan] |

| | | |
|---|---|---|
| cabide (m) de parede | kapstok | [kapstoʔ] |
| cabide (m) de pé | kapstok berdiri | [kapstoʔ bərdiri] |
| | | |
| cómoda (f) | lemari laci | [lemari latʃi] |
| mesinha (f) de centro | meja kopi | [medʒĩa kopi] |
| | | |
| espelho (m) | cermin | [tʃermin] |
| tapete (m) | permadani | [pərmadani] |
| tapete (m) pequeno | karpet kecil | [karpet ketʃil] |
| | | |
| lareira (f) | perapian | [pərapian] |
| vela (f) | lilin | [lilin] |
| castiçal (m) | kaki lilin | [kaki lilin] |
| | | |
| cortinas (f pl) | gorden | [gorden] |
| papel (m) de parede | kertas dinding | [kertas dindiŋ] |
| estores (f pl) | kerai | [keraj] |
| | | |
| candeeiro (m) de mesa | lampu meja | [lampu medʒĩa] |
| candeeiro (m) de parede | lampu dinding | [lampu dindiŋ] |
| candeeiro (m) de pé | lampu lantai | [lampu lantaj] |
| lustre (m) | lampu bercabang | [lampu bərtʃabaŋ] |
| | | |
| pé (de mesa, etc.) | kaki | [kaki] |
| braço (m) | lengan | [leŋan] |
| costas (f pl) | sandaran | [sandaran] |
| gaveta (f) | laci | [latʃi] |

## 90. Quarto de dormir

| | | |
|---|---|---|
| roupa (f) de cama | kain kasur | [kain kasur] |
| almofada (f) | bantal | [bantal] |
| fronha (f) | sarung bantal | [saruŋ bantal] |
| cobertor (m) | selimut | [selimut] |
| lençol (m) | seprai | [sepraj] |
| colcha (f) | selubung kasur | [selubuŋ kasur] |

## 91. Cozinha

| | | |
|---|---|---|
| cozinha (f) | dapur | [dapur] |
| gás (m) | gas | [gas] |
| fogão (m) a gás | kompor gas | [kompor gas] |
| fogão (m) elétrico | kompor listrik | [kompor listriʔ] |
| forno (m) | oven | [oven] |
| forno (m) de micro-ondas | microwave | [majkrowav] |
| | | |
| frigorífico (m) | lemari es, kulkas | [lemari es], [kulkas] |
| congelador (m) | lemari pembeku | [lemari pembeku] |
| máquina (f) de lavar louça | mesin pencuci piring | [mesin pentʃutʃi piriŋ] |
| | | |
| moedor (m) de carne | alat pelumat daging | [alat pelumat dagiŋ] |
| espremedor (m) | mesin sari buah | [mesin sari buah] |

| torradeira (f) | alat pemanggang roti | [alat pemaŋgaŋ roti] |
| batedeira (f) | pencampur | [pentʃampur] |
| | | |
| máquina (f) de café | mesin pembuat kopi | [mesin pembuat kopi] |
| cafeteira (f) | teko kopi | [teko kopi] |
| moinho (m) de café | mesin penggiling kopi | [mesin peŋgiliŋ kopi] |
| | | |
| chaleira (f) | cerek | [tʃereʔ] |
| bule (m) | teko | [teko] |
| tampa (f) | tutup | [tutup] |
| coador (m) de chá | saringan teh | [sariŋan teh] |
| | | |
| colher (f) | sendok | [sendoʔ] |
| colher (f) de chá | sendok teh | [sendoʾ teh] |
| colher (f) de sopa | sendok makan | [sendoʾ makan] |
| garfo (m) | garpu | [garpu] |
| faca (f) | pisau | [pisau] |
| | | |
| louça (f) | piring mangkuk | [piriŋ maŋkuʔ] |
| prato (m) | piring | [piriŋ] |
| pires (m) | alas cangkir | [alas tʃaŋkir] |
| | | |
| cálice (m) | seloki | [seloki] |
| copo (m) | gelas | [gelas] |
| chávena (f) | cangkir | [tʃaŋkir] |
| | | |
| açucareiro (m) | wadah gula | [wadah gula] |
| saleiro (m) | wadah garam | [wadah garam] |
| pimenteiro (m) | wadah merica | [wadah meritʃa] |
| manteigueira (f) | wadah mentega | [wadah mentega] |
| | | |
| panela, caçarola (f) | panci | [pantʃi] |
| frigideira (f) | kuali | [kuali] |
| concha (f) | sudu | [sudu] |
| passador (m) | saringan | [sariŋan] |
| bandeja (f) | talam | [talam] |
| | | |
| garrafa (f) | botol | [botol] |
| boião (m) de vidro | gelas | [gelas] |
| lata (f) | kaleng | [kaleŋ] |
| | | |
| abre-garrafas (m) | pembuka botol | [pembuka botol] |
| abre-latas (m) | pembuka kaleng | [pembuka kaleŋ] |
| saca-rolhas (m) | kotrek | [kotreʔ] |
| filtro (m) | saringan | [sariŋan] |
| filtrar (vt) | saringan | [sariŋan] |
| | | |
| lixo (m) | sampah | [sampah] |
| balde (m) do lixo | tong sampah | [toŋ sampah] |

## 92. Casa de banho

| quarto (m) de banho | kamar mandi | [kamar mandi] |
| água (f) | air | [air] |

| torneira (f) | keran | [keran] |
| água (f) quente | air panas | [air panas] |
| água (f) fria | air dingin | [air diŋin] |

| pasta (f) de dentes | pasta gigi | [pasta gigi] |
| escovar os dentes | menggosok gigi | [məŋgoso' gigi] |
| escova (f) de dentes | sikat gigi | [sikat gigi] |

| barbear-se (vr) | bercukur | [bərtʃukur] |
| espuma (f) de barbear | busa cukur | [busa tʃukur] |
| máquina (f) de barbear | pisau cukur | [pisau tʃukur] |

| lavar (vt) | mencuci | [məntʃutʃi] |
| lavar-se (vr) | mandi | [mandi] |
| duche (m) | pancuran | [pantʃuran] |
| tomar um duche | mandi pancuran | [mandi pantʃuran] |

| banheira (f) | bak mandi | [ba' mandi] |
| sanita (f) | kloset | [kloset] |
| lavatório (m) | wastafel | [wastafel] |

| sabonete (m) | sabun | [sabun] |
| saboneteira (f) | wadah sabun | [wadah sabun] |

| esponja (f) | spons | [spons] |
| champô (m) | sampo | [sampo] |
| toalha (f) | handuk | [handu'] |
| roupão (m) de banho | jubah mandi | [dʒ|ubah mandi] |

| lavagem (f) | pencucian | [pentʃutʃian] |
| máquina (f) de lavar | mesin cuci | [mesin tʃutʃi] |
| lavar a roupa | mencuci | [məntʃutʃi] |
| detergente (m) | deterjen cuci | [deterdʒ|en tʃutʃi] |

## 93. Eletrodomésticos

| televisor (m) | pesawat TV | [pesawat ti-vi] |
| gravador (m) | alat perekam | [alat pərekam] |
| videogravador (m) | video, VCR | [vidio], [vi-si-er] |
| rádio (m) | radio | [radio] |
| leitor (m) | pemutar | [pemutar] |

| projetor (m) | proyektor video | [proektor video] |
| cinema (m) em casa | bioskop rumah | [bioskop rumah] |
| leitor (m) de DVD | pemutar DVD | [pemutar di-vi-di] |
| amplificador (m) | penguat | [peŋuat] |
| console (f) de jogos | konsol permainan video | [konsol pərmajnan video] |

| câmara (f) de vídeo | kamera video | [kamera video] |
| máquina (f) fotográfica | kamera | [kamera] |
| câmara (f) digital | kamera digital | [kamera digital] |

| aspirador (m) | pengisap debu | [peŋisap debu] |
| ferro (m) de engomar | setrika | [setrika] |

| tábua (f) de engomar | papan setrika | [papan setrika] |
|---|---|---|
| telefone (m) | telepon | [telepon] |
| telemóvel (m) | ponsel | [ponsel] |
| máquina (f) de escrever | mesin ketik | [mesin keti'] |
| máquina (f) de costura | mesin jahit | [mesin dʒ'ahit] |

| microfone (m) | mikrofon | [mikrofon] |
|---|---|---|
| auscultadores (m pl) | headphone, fonkepala | [headphone], [fonkepala] |
| controlo remoto (m) | panel kendali | [panel kendali] |

| CD (m) | cakram kompak | [tʃakram kompa'] |
|---|---|---|
| cassete (f) | kaset | [kaset] |
| disco (m) de vinil | piringan hitam | [piriŋan hitam] |

## 94. Reparações. Renovação

| renovação (f) | renovasi | [renovasi] |
|---|---|---|
| renovar (vt), fazer obras | merenovasi | [merenovasi] |
| reparar (vt) | mereparasi, memperbaiki | [mereparasi], [memperbajki] |
| consertar (vt) | membereskan | [membereskan] |
| refazer (vt) | mengulangi | [məŋulaŋi] |

| tinta (f) | cat | [tʃat] |
|---|---|---|
| pintar (vt) | mengecat | [məŋetʃat] |
| pintor (m) | tukang cat | [tukaŋ tʃat] |
| pincel (m) | kuas | [kuas] |

| cal (f) | cat kapur | [tʃat kapur] |
|---|---|---|
| caiar (vt) | mengapur | [məŋapur] |

| papel (m) de parede | kertas dinding | [kertas dindiŋ] |
|---|---|---|
| colocar papel de parede | memasang kertas dinding | [memasaŋ kertas dindiŋ] |
| verniz (m) | pernis | [pernis] |
| envernizar (vt) | memernis | [memernis] |

## 95. Canalizações

| água (f) | air | [air] |
|---|---|---|
| água (f) quente | air panas | [air panas] |
| água (f) fria | air dingin | [air diŋin] |
| torneira (f) | keran | [keran] |

| gota (f) | tetes | [tetes] |
|---|---|---|
| gotejar (vi) | menetes | [mənetes] |
| vazar (vt) | bocor | [botʃor] |
| vazamento (m) | kebocoran | [kebotʃoran] |
| poça (f) | kubangan | [kubaŋan] |

| tubo (m) | pipa | [pipa] |
|---|---|---|
| válvula (f) | katup | [katup] |
| entupir-se (vr) | tersumbat | [tərsumbat] |
| ferramentas (f pl) | peralatan | [pəralatan] |

| chave (f) inglesa | kunci inggris | [kuntʃi iŋgris] |
| desenroscar (vt) | mengendurkan | [məŋendurkan] |
| enroscar (vt) | mengencangkan | [məŋentʃaŋkan] |

| desentupir (vt) | membersihkan | [membersihkan] |
| canalizador (m) | tukang pipa | [tukaŋ pipa] |
| cave (f) | rubanah | [rubanah] |
| sistema (m) de esgotos | riol | [riol] |

## 96. Fogo. Deflagração

| incêndio (m) | kebakaran | [kebakaran] |
| chama (f) | nyala api | [njala api] |
| faísca (f) | percikan api | [pərtʃikan api] |
| fumo (m) | asap | [asap] |
| tocha (f) | obor | [obor] |
| fogueira (f) | api unggun | [api uŋgun] |

| gasolina (f) | bensin | [bensin] |
| querosene (m) | minyak tanah | [minjaʔ tanah] |
| inflamável | mudah terbakar | [mudah tərbakar] |
| explosivo | mudah meledak | [mudah meledaʔ] |
| PROIBIDO FUMAR! | DILARANG MEROKOK! | [dilaraŋ merokoʔ!] |

| segurança (f) | keamanan | [keamanan] |
| perigo (m) | bahaya | [bahaja] |
| perigoso | berbahaya | [bərbahaja] |

| incendiar-se (vr) | menyala | [mənjala] |
| explosão (f) | ledakan | [ledakan] |
| incendiar (vt) | membakar | [membakar] |
| incendiário (m) | pelaku pembakaran | [pelaku pembakaran] |
| incêndio (m) criminoso | pembakaran | [pembakaran] |

| arder (vi) | berkobar | [bərkobar] |
| queimar (vi) | menyala | [mənjala] |
| queimar tudo (vi) | terbakar | [tərbakar] |

| chamar os bombeiros | memanggil pemadam kebakaran | [memaŋgil pemadam kebakaran] |
| bombeiro (m) | pemadam kebakaran | [pemadam kebakaran] |
| carro (m) de bombeiros | branwir | [branwir] |
| corpo (m) de bombeiros | pemadam kebakaran | [pemadam kebakaran] |
| escada (f) extensível | tangga branwir | [taŋga branwir] |

| mangueira (f) | selang pemadam | [selaŋ pemadam] |
| extintor (m) | pemadam api | [pemadam api] |
| capacete (m) | helm | [helm] |
| sirene (f) | sirene | [sirene] |

| gritar (vi) | berteriak | [bərteriaʔ] |
| chamar por socorro | meminta pertolongan | [meminta pərtoloŋan] |
| salvador (m) | penyelamat | [penjelamat] |
| salvar, resgatar (vt) | menyelamatkan | [mənjelamatkan] |

| chegar (vi) | **datang** | [dataŋ] |
| apagar (vt) | **memadamkan** | [memadamkan] |
| água (f) | **air** | [air] |
| areia (f) | **pasir** | [pasir] |

| ruínas (f pl) | **reruntuhan** | [reruntuhan] |
| ruir (vi) | **runtuh** | [runtuh] |
| desmoronar (vi) | **roboh** | [roboh] |
| desabar (vi) | **roboh** | [roboh] |

| fragmento (m) | **serpihan** | [serpihan] |
| cinza (f) | **abu** | [abu] |

| sufocar (vi) | **mati lemas** | [mati lemas] |
| perecer (vi) | **mati, tewas** | [mati], [tewas] |

# ATIVIDADES HUMANAS

# Emprego. Negócios. Parte 1

## 97. Banca

| | | |
|---|---|---|
| banco (m) | bank | [banʔ] |
| sucursal, balcão (f) | cabang | [ʧabaŋ] |
| | | |
| consultor (m) | konsultan | [konsultan] |
| gerente (m) | manajer | [manadʒʲer] |
| | | |
| conta (f) | rekening | [rekeniŋ] |
| número (m) da conta | nomor rekening | [nomor rekeniŋ] |
| conta (f) corrente | rekening koran | [rekeniŋ koran] |
| conta (f) poupança | rekening simpanan | [rekeniŋ simpanan] |
| | | |
| abrir uma conta | membuka rekening | [membuka rekeniŋ] |
| fechar uma conta | menutup rekening | [mənutup rekeniŋ] |
| depositar na conta | memasukkan ke rekening | [memasuʔkan ke rekeniŋ] |
| levantar (vt) | menarik uang | [mənariʔ uaŋ] |
| | | |
| depósito (m) | deposito | [deposito] |
| fazer um depósito | melakukan setoran | [melakukan setoran] |
| transferência (f) bancária | transfer kawat | [transfer kawat] |
| transferir (vt) | mentransfer | [məntransfer] |
| | | |
| soma (f) | jumlah | [dʒʲumlah] |
| Quanto? | Berapa? | [bərapa?] |
| | | |
| assinatura (f) | tanda tangan | [tanda taŋan] |
| assinar (vt) | menandatangani | [mənandataŋani] |
| | | |
| cartão (m) de crédito | kartu kredit | [kartu kredit] |
| código (m) | kode | [kode] |
| número (m) do cartão de crédito | nomor kartu kredit | [nomor kartu kredit] |
| Caixa Multibanco (m) | Anjungan Tunai Mandiri, ATM | [andʒʲuŋan tunaj mandiri], [a-te-em] |
| | | |
| cheque (m) | cek | [ʧeʔ] |
| passar um cheque | menulis cek | [mənulis ʧeʔ] |
| livro (m) de cheques | buku cek | [buku ʧeʔ] |
| | | |
| empréstimo (m) | kredit, pinjaman | [kredit], [pindʒʲaman] |
| pedir um empréstimo | meminta kredit | [meminta kredit] |
| obter um empréstimo | mendapatkan kredit | [məndapatkan kredit] |
| conceder um empréstimo | memberikan kredit | [memberikan kredit] |
| garantia (f) | jaminan | [dʒʲaminan] |

## 98. Telefone. Conversação telefónica

| | | |
|---|---|---|
| telefone (m) | telepon | [telepon] |
| telemóvel (m) | ponsel | [ponsel] |
| secretária (f) electrónica | mesin penjawab panggilan | [mesin penʤawab paŋgilan] |
| | | |
| fazer uma chamada | menelepon | [mənelepon] |
| chamada (f) | panggilan telepon | [paŋgilan telepon] |
| | | |
| marcar um número | memutar nomor telepon | [memutar nomor telepon] |
| Alô! | Halo! | [halo!] |
| perguntar (vt) | bertanya | [bərtanja] |
| responder (vt) | menjawab | [mənʤawab] |
| | | |
| ouvir (vt) | mendengar | [məndeŋar] |
| bem | baik | [baj'] |
| mal | buruk, jelek | [buruk], [ʤʲele'] |
| ruído (m) | bising, gangguan | [bisiŋ], [gaŋguan] |
| | | |
| auscultador (m) | gagang | [gagaŋ] |
| pegar o telefone | mengangkat telepon | [məŋaŋkat telepon] |
| desligar (vi) | menutup telepon | [mənutup telepon] |
| | | |
| ocupado | sibuk | [sibu'] |
| tocar (vi) | berdering | [bərderiŋ] |
| lista (f) telefónica | buku telepon | [buku telepon] |
| | | |
| local | lokal | [lokal] |
| chamada (f) local | panggilan lokal | [paŋgilan lokal] |
| de longa distância | interlokal | [interlokal] |
| chamada (f) de longa distância | panggilan interlokal | [paŋgilan interlokal] |
| internacional | internasional | [internasional] |
| chamada (f) internacional | panggilan internasional | [paŋgilan internasional] |

## 99. Telefone móvel

| | | |
|---|---|---|
| telemóvel (m) | ponsel | [ponsel] |
| ecrã (m) | layar | [lajar] |
| botão (m) | kenop | [kenop] |
| cartão SIM (m) | kartu SIM | [kartu sim] |
| | | |
| bateria (f) | baterai | [bateraj] |
| descarregar-se | mati | [mati] |
| carregador (m) | pengisi baterai, pengecas | [peŋisi bateraj], [peŋetʃas] |
| | | |
| menu (m) | menu | [menu] |
| definições (f pl) | penyetelan | [penjetelan] |
| melodia (f) | nada panggil | [nada paŋgil] |
| escolher (vt) | memilih | [memilih] |
| | | |
| calculadora (f) | kalkulator | [kalkulator] |
| correio (m) de voz | penjawab telepon | [penʤawab telepon] |

| despertador (m) | weker | [weker] |
| contatos (m pl) | buku telepon | [buku telepon] |

| mensagem (f) de texto | pesan singkat | [pesan siŋkat] |
| assinante (m) | pelanggan | [pelaŋgan] |

## 100. Estacionário

| caneta (f) | bolpen | [bolpen] |
| caneta (f) tinteiro | pena celup | [pena ʧelup] |

| lápis (m) | pensil | [pensil] |
| marcador (m) | spidol | [spidol] |
| caneta (f) de feltro | spidol | [spidol] |

| bloco (m) de notas | buku catatan | [buku ʧatatan] |
| agenda (f) | agenda | [agenda] |

| régua (f) | mistar, penggaris | [mistar], [peŋgaris] |
| calculadora (f) | kalkulator | [kalkulator] |
| borracha (f) | karet penghapus | [karet peŋhapus] |
| pionés (m) | paku payung | [paku pajuŋ] |
| clipe (m) | penjepit kertas | [penʤepit kertas] |

| cola (f) | lem | [lem] |
| agrafador (m) | stapler | [stapler] |
| furador (m) | alat pelubang kertas | [alat pelubaŋ kertas] |
| afia-lápis (m) | rautan pensil | [rautan pensil] |

# Emprego. Negócios. Parte 2

## 101. Media

| | | |
|---|---|---|
| jornal (m) | koran | [koran] |
| revista (f) | majalah | [madʒ'alah] |
| imprensa (f) | pers | [pers] |
| rádio (m) | radio | [radio] |
| estação (f) de rádio | stasiun radio | [stasiun radio] |
| televisão (f) | televisi | [televisi] |
| | | |
| apresentador (m) | pembawa acara | [pembawa atʃara] |
| locutor (m) | penyiar | [penjiar] |
| comentador (m) | komentator | [komentator] |
| | | |
| jornalista (m) | wartawan | [wartawan] |
| correspondente (m) | koresponden | [koresponden] |
| repórter (m) fotográfico | fotografer pers | [fotografer pərs] |
| repórter (m) | reporter, pewarta | [reporter], [pewarta] |
| | | |
| redator (m) | editor, penyunting | [editor], [penyuntiŋ] |
| redator-chefe (m) | editor kepala | [editor kepala] |
| | | |
| assinar a ... | berlangganan ... | [bərlaŋganan ...] |
| assinatura (f) | langganan | [laŋganan] |
| assinante (m) | pelanggan | [pelaŋgan] |
| ler (vt) | membaca | [membatʃa] |
| leitor (m) | pembaca | [pembatʃa] |
| | | |
| tiragem (f) | oplah | [oplah] |
| mensal | bulanan | [bulanan] |
| semanal | mingguan | [miŋguan] |
| número (jornal, revista) | edisi | [edisi] |
| recente | baru | [baru] |
| | | |
| manchete (f) | kepala berita | [kepala bərita] |
| pequeno artigo (m) | artikel singkat | [artikel siŋkat] |
| coluna (~ semanal) | kolom | [kolom] |
| artigo (m) | artikel | [artikel] |
| página (f) | halaman | [halaman] |
| | | |
| reportagem (f) | reportase | [reportase] |
| evento (m) | peristiwa, kejadian | [pəristiwa], [kedʒ'adian] |
| sensação (f) | sensasi | [sensasi] |
| escândalo (m) | skandal | [skandal] |
| escandaloso | penuh skandal | [penuh skandal] |
| grande | besar | [besar] |
| | | |
| programa (m) de TV | program | [program] |
| entrevista (f) | wawancara | [wawantʃara] |

| transmissão (f) em direto | siaran langsung | [siaran laŋsuŋ] |
| canal (m) | saluran | [saluran] |

## 102. Agricultura

| agricultura (f) | pertanian | [pərtanian] |
| camponês (m) | petani | [petani] |
| camponesa (f) | petani | [petani] |
| agricultor (m) | petani | [petani] |

| trator (m) | traktor | [traktor] |
| ceifeira-debulhadora (f) | mesin pemanen | [mesin pemanen] |

| arado (m) | bajak | [badʒ¦aˀ] |
| arar (vt) | membajak, menenggala | [membadʒ¦ak], [meneŋgala] |
| campo (m) lavrado | tanah garapan | [tanah garapan] |
| rego (m) | alur | [alur] |

| semear (vt) | menanam | [mənanam] |
| semeadora (f) | mesin penanam | [mesin penanam] |
| semeadura (f) | penanaman | [penanaman] |

| gadanha (f) | sabit | [sabit] |
| gadanhar (vt) | menyabit | [mənjabit] |

| pá (f) | sekop | [sekop] |
| cavar (vt) | menggali | [məŋgali] |

| enxada (f) | cangkul | [tʃaŋkul] |
| carpir (vt) | menyiangi | [mənjiaŋi] |
| erva (f) daninha | gulma | [gulma] |

| regador (m) | kaleng penyiram | [kaleŋ penjiram] |
| regar (vt) | menyiram | [mənjiram] |
| rega (f) | penyiraman | [penjiraman] |

| forquilha (f) | garpu ramput | [garpu ramput] |
| ancinho (m) | penggaruk | [peŋgaruˀ] |

| fertilizante (m) | pupuk | [pupuˀ] |
| fertilizar (vt) | memupuk | [memupuˀ] |
| estrume (m) | pupuk kandang | [pupuˀ kandaŋ] |

| campo (m) | ladang | [ladaŋ] |
| prado (m) | padang rumput | [padaŋ rumput] |
| horta (f) | kebun sayur | [kebun sajur] |
| pomar (m) | kebun buah | [kebun buah] |

| pastar (vt) | menggembalakan | [məŋgembalakan] |
| pastor (m) | penggembala | [peŋgembala] |
| pastagem (f) | padang penggembalaan | [padaŋ peŋgembalaˀan] |

| pecuária (f) | peternakan | [peternakan] |
| criação (f) de ovelhas | peternakan domba | [peternakan domba] |

| plantação (f) | perkebunan | [pərkebunan] |
| canteiro (m) | bedeng | [bedeŋ] |
| invernadouro (m) | rumah kaca | [rumah katʃa] |

| seca (f) | musim kering | [musim keriŋ] |
| seco (verão ~) | kering | [keriŋ] |

| cereal (m) | biji | [bidʒi] |
| cereais (m pl) | serealia | [serealia] |
| colher (vt) | memanen | [memanen] |

| moleiro (m) | penggiling | [peŋgiliŋ] |
| moinho (m) | kincir | [kintʃir] |
| moer (vt) | menggiling | [məŋgiliŋ] |
| farinha (f) | tepung | [tepuŋ] |
| palha (f) | jerami | [dʒierami] |

## 103. Construção. Processo de construção

| canteiro (m) de obras | lokasi pembangunan | [lokasi pembaŋunan] |
| construir (vt) | membangun | [membaŋun] |
| construtor (m) | buruh bangunan | [buruh baŋunan] |

| projeto (m) | proyek | [proeʔ] |
| arquiteto (m) | arsitek | [arsiteʔ] |
| operário (m) | buruh, pekerja | [buruh], [pekerdʒia] |

| fundação (f) | fondasi | [fondasi] |
| telhado (m) | atap | [atap] |
| estaca (f) | tiang fondasi | [tiaŋ fondasi] |
| parede (f) | dinding | [dindiŋ] |

| varões (m pl) para betão | kerangka besi | [keraŋka besi] |
| andaime (m) | perancah | [pərantʃah] |

| betão (m) | beton | [beton] |
| granito (m) | granit | [granit] |
| pedra (f) | batu | [batu] |
| tijolo (m) | bata, batu bata | [bata], [batu bata] |

| areia (f) | pasir | [pasir] |
| cimento (m) | semen | [semen] |
| emboço (m) | lepa, plester | [lepa], [plester] |
| emboçar (vt) | melepa | [melepa] |
| tinta (f) | cat | [tʃat] |
| pintar (vt) | mengecat | [məŋetʃat] |
| barril (m) | tong | [toŋ] |

| grua (f), guindaste (m) | derek | [dereʔ] |
| erguer (vt) | menaikkan | [mənajʔkan] |
| baixar (vt) | menurunkan | [mənurunkan] |

| buldózer (m) | buldoser | [buldozer] |
| escavadora (f) | ekskavator | [ekskavator] |

| | | |
|---|---|---|
| caçamba (f) | **sudu pengeruk** | [sudu peŋeruʔ] |
| escavar (vt) | **menggali** | [məŋgali] |
| capacete (m) de proteção | **topi baja** | [topi badʒia] |

# Profissões e ocupações

## 104. Procura de emprego. Demissão

| | | |
|---|---|---|
| trabalho (m) | kerja, pekerjaan | [kerʤ¦a], [pekerʤ¦a'an] |
| equipa (f) | staf, personalia | [staf], [pərsonalia] |
| pessoal (m) | staf, personel | [staf], [pərsonel] |
| | | |
| carreira (f) | karier | [karier] |
| perspetivas (f pl) | perspektif | [pərspektif] |
| mestria (f) | keterampilan | [keterampilan] |
| | | |
| seleção (f) | pilihan | [pilihan] |
| agência (f) de emprego | biro tenaga kerja | [biro tenaga kerʤ¦a] |
| CV, currículo (m) | resume | [resume] |
| entrevista (f) de emprego | wawancara kerja | [wawanʧara kerʤ¦a] |
| vaga (f) | lowongan | [lowoŋan] |
| | | |
| salário (m) | gaji, upah | [gaʤi], [upah] |
| salário (m) fixo | gaji tetap | [gaʤi tetap] |
| pagamento (m) | bayaran | [bajaran] |
| | | |
| posto (m) | jabatan | [ʤ¦abatan] |
| dever (do empregado) | tugas | [tugas] |
| gama (f) de deveres | bidang tugas | [bidaŋ tugas] |
| ocupado | sibuk | [sibu'] |
| | | |
| despedir, demitir (vt) | memecat | [memeʧat] |
| demissão (f) | pemecatan | [pemeʧatan] |
| | | |
| desemprego (m) | pengangguran | [peŋaŋguran] |
| desempregado (m) | pengganggur | [peŋgaŋgur] |
| reforma (f) | pensiun | [pensiun] |
| reformar-se | pensiun | [pensiun] |

## 105. Gente de negócios

| | | |
|---|---|---|
| diretor (m) | direktur | [direktur] |
| gerente (m) | manajer | [manaʤ¦er] |
| patrão, chefe (m) | bos, atasan | [bos], [atasan] |
| | | |
| superior (m) | atasan | [atasan] |
| superiores (m pl) | atasan | [atasan] |
| presidente (m) | presiden | [presiden] |
| presidente (m) de direção | ketua, dirut | [ketua], [dirut] |
| | | |
| substituto (m) | wakil | [wakil] |
| assistente (m) | asisten | [asisten] |

| secretário (m) | sekretaris | [sekretaris] |
| secretário (m) pessoal | asisten pribadi | [asisten pribadi] |

| homem (m) de negócios | pengusaha, pebisnis | [peŋusaha], [pebisnis] |
| empresário (m) | pengusaha | [peŋusaha] |
| fundador (m) | pendiri | [pendiri] |
| fundar (vt) | mendirikan | [məndirikan] |

| fundador, sócio (m) | pendiri | [pendiri] |
| parceiro, sócio (m) | mitra | [mitra] |
| acionista (m) | pemegang saham | [pemegaŋ saham] |

| milionário (m) | jutawan | [dʒiutawan] |
| bilionário (m) | miliarder | [miliarder] |
| proprietário (m) | pemilik | [pemiliʔ] |
| proprietário (m) de terras | tuan tanah | [tuan tanah] |

| cliente (m) | klien | [klien] |
| cliente (m) habitual | klien tetap | [klien tetap] |
| comprador (m) | pembeli | [pembeli] |
| visitante (m) | tamu | [tamu] |

| profissional (m) | profesional | [profesional] |
| perito (m) | pakar, ahli | [pakar], [ahli] |
| especialista (m) | spesialis, ahli | [spesialis], [ahli] |

| banqueiro (m) | bankir | [bankir] |
| corretor (m) | broker, pialang | [broker], [pialaŋ] |

| caixa (m, f) | kasir | [kasir] |
| contabilista (m) | akuntan | [akuntan] |
| guarda (m) | satpam, pengawal | [satpam], [peŋawal] |

| investidor (m) | investor | [investor] |
| devedor (m) | debitur | [debitur] |
| credor (m) | kreditor | [kreditor] |
| mutuário (m) | peminjam | [pemindʒiam] |

| importador (m) | importir | [importir] |
| exportador (m) | eksportir | [eksportir] |

| produtor (m) | produsen | [produsen] |
| distribuidor (m) | penyalur | [penjalur] |
| intermediário (m) | perantara | [pərantara] |

| consultor (m) | konsultan | [konsultan] |
| representante (m) | perwakilan penjualan | [pərwakilan pendʒiualan] |
| agente (m) | agen | [agen] |
| agente (m) de seguros | agen asuransi | [agen asuransi] |

## 106. Profissões de serviços

| cozinheiro (m) | koki, juru masak | [koki], [dʒiuru masaʔ] |
| cozinheiro chefe (m) | koki kepala | [koki kepala] |

| padeiro (m) | pembuat roti | [pembuat roti] |
| barman (m) | pelayan bar | [pelajan bar] |
| empregado (m) de mesa | pelayan lelaki | [pelajan lelaki] |
| empregada (f) de mesa | pelayan perempuan | [pelajan perempuan] |

| advogado (m) | advokat, pengacara | [advokat], [peŋatʃara] |
| jurista (m) | ahli hukum | [ahli hukum] |
| notário (m) | notaris | [notaris] |

| eletricista (m) | tukang listrik | [tukaŋ listriʔ] |
| canalizador (m) | tukang pipa | [tukaŋ pipa] |
| carpinteiro (m) | tukang kayu | [tukaŋ kaju] |

| massagista (m) | tukang pijat lelaki | [tukaŋ pidʒʲat lelaki] |
| massagista (f) | tukang pijat perempuan | [tukaŋ pidʒʲat perempuan] |
| médico (m) | dokter | [dokter] |

| taxista (m) | sopir taksi | [sopir taksi] |
| condutor (automobilista) | sopir | [sopir] |
| entregador (m) | kurir | [kurir] |

| camareira (f) | pelayan kamar | [pelajan kamar] |
| guarda (m) | satpam, pengawal | [satpam], [peŋawal] |
| hospedeira (f) de bordo | pramugari | [pramugari] |

| professor (m) | guru | [guru] |
| bibliotecário (m) | pustakawan | [pustakawan] |
| tradutor (m) | penerjemah | [penerdʒʲemah] |
| intérprete (m) | juru bahasa | [dʒʲuru bahasa] |
| guia (pessoa) | pemandu wisata | [pemandu wisata] |

| cabeleireiro (m) | tukang cukur | [tukaŋ tʃukur] |
| carteiro (m) | tukang pos | [tukaŋ pos] |
| vendedor (m) | pramuniaga | [pramuniaga] |

| jardineiro (m) | tukang kebun | [tukaŋ kebun] |
| criado (m) | pramuwisma | [pramuwisma] |
| criada (f) | pramuwisma | [pramuwisma] |
| empregada (f) de limpeza | pembersih ruangan | [pembersih ruaŋan] |

## 107. Profissões militares e postos

| soldado (m) raso | prajurit | [pradʒʲurit] |
| sargento (m) | sersan | [sersan] |
| tenente (m) | letnan | [letnan] |
| capitão (m) | kapten | [kapten] |

| major (m) | mayor | [major] |
| coronel (m) | kolonel | [kolonel] |
| general (m) | jenderal | [dʒʲenderal] |
| marechal (m) | marsekal | [marsekal] |
| almirante (m) | laksamana | [laksamana] |
| militar (m) | anggota militer | [aŋgota militer] |
| soldado (m) | tentara, serdadu | [tentara], [serdadu] |

| oficial (m) | perwira | [pərwira] |
| comandante (m) | komandan | [komandan] |

| guarda (m) fronteiriço | penjaga perbatasan | [pendʒaga pərbatasan] |
| operador (m) de rádio | operator radio | [operator radio] |
| explorador (m) | pengintai | [peɲintaj] |
| sapador (m) | pencari ranjau | [pentʃari randʒau] |
| atirador (m) | petembak | [petembaʔ] |
| navegador (m) | navigator, penavigasi | [navigator], [penavigasi] |

## 108. Oficiais. Padres

| rei (m) | raja | [radʒa] |
| rainha (f) | ratu | [ratu] |

| príncipe (m) | pangeran | [paŋeran] |
| princesa (f) | putri | [putri] |

| czar (m) | tsar, raja | [tsar], [radʒa] |
| czarina (f) | tsarina, ratu | [tsarina], [ratu] |

| presidente (m) | presiden | [presiden] |
| ministro (m) | Menteri Sekretaris | [mənteri sekretaris] |
| primeiro-ministro (m) | perdana menteri | [pərdana menteri] |
| senador (m) | senator | [senator] |

| diplomata (m) | diplomat | [diplomat] |
| cônsul (m) | konsul | [konsul] |
| embaixador (m) | duta besar | [duta besar] |
| conselheiro (m) | penasihat | [penasihat] |

| funcionário (m) | petugas | [petugas] |
| prefeito (m) | prefek | [prefeʔ] |
| Presidente (m) da Câmara | walikota | [walikota] |

| juiz (m) | hakim | [hakim] |
| procurador (m) | kejaksaan negeri | [kedʒaksaʔan negeri] |

| missionário (m) | misionaris | [misionaris] |
| monge (m) | biarawan, rahib | [biarawan], [rahib] |
| abade (m) | abbas | [abbas] |
| rabino (m) | rabbi | [rabbi] |

| vizir (m) | wazir | [wazir] |
| xá (m) | syah | [ʃah] |
| xeque (m) | syeikh | [ʃejh] |

## 109. Profissões agrícolas

| apicultor (m) | peternak lebah | [peternaʔ lebah] |
| pastor (m) | penggembala | [peŋgembala] |
| agrónomo (m) | agronom | [agronom] |

| criador (m) de gado | peternak | [peterna⁊] |
| veterinário (m) | dokter hewan | [dokter hewan] |

| agricultor (m) | petani | [petani] |
| vinicultor (m) | pembuat anggur | [pembuat aŋgur] |
| zoólogo (m) | zoolog | [zoolog] |
| cowboy (m) | koboi | [koboi] |

## 110. Profissões artísticas

| ator (m) | aktor | [aktor] |
| atriz (f) | aktris | [aktris] |

| cantor (m) | biduan | [biduan] |
| cantora (f) | biduanita | [biduanita] |

| bailarino (m) | penari lelaki | [penari lelaki] |
| bailarina (f) | penari perempuan | [penari pərempuan] |

| artista (m) | artis | [artis] |
| artista (f) | artis | [artis] |

| músico (m) | musisi, musikus | [musisi], [musikus] |
| pianista (m) | pianis | [pianis] |
| guitarrista (m) | pemain gitar | [pemajn gitar] |

| maestro (m) | konduktor | [konduktor] |
| compositor (m) | komposer, komponis | [komposer], [komponis] |
| empresário (m) | impresario | [impresario] |

| realizador (m) | sutradara | [sutradara] |
| produtor (m) | produser | [produser] |
| argumentista (m) | penulis skenario | [penulis skenario] |
| crítico (m) | kritikus | [kritikus] |

| escritor (m) | penulis | [penulis] |
| poeta (m) | penyair | [penjajr] |
| escultor (m) | pematung | [pematuŋ] |
| pintor (m) | perupa | [pərupa] |

| malabarista (m) | juggler | [dʒʲuggler] |
| palhaço (m) | badut | [badut] |
| acrobata (m) | akrobat | [akrobat] |
| mágico (m) | pesulap | [pesulap] |

## 111. Várias profissões

| médico (m) | dokter | [dokter] |
| enfermeira (f) | suster, juru rawat | [suster], [dʒʲuru rawat] |
| psiquiatra (m) | psikiater | [psikiater] |
| estomatologista (m) | dokter gigi | [dokter gigi] |
| cirurgião (m) | dokter bedah | [dokter bedah] |

| astronauta (m) | astronaut | [astronaut] |
| astrónomo (m) | astronom | [astronom] |
| piloto (m) | pilot | [pilot] |

| motorista (m) | sopir | [sopir] |
| maquinista (m) | masinis | [masinis] |
| mecânico (m) | mekanik | [mekaniʔ] |

| mineiro (m) | penambang | [penambaŋ] |
| operário (m) | buruh, pekerja | [buruh], [pekerdʒˈa] |
| serralheiro (m) | tukang kikir | [tukaŋ kikir] |
| marceneiro (m) | tukang kayu | [tukaŋ kaju] |
| torneiro (m) | tukang bubut | [tukaŋ bubut] |
| construtor (m) | buruh bangunan | [buruh baŋunan] |
| soldador (m) | tukang las | [tukaŋ las] |

| professor (m) catedrático | profesor | [profesor] |
| arquiteto (m) | arsitek | [arsiteʔ] |
| historiador (m) | sejarawan | [sedʒˈarawan] |
| cientista (m) | ilmuwan | [ilmuwan] |
| físico (m) | fisikawan | [fisikawan] |
| químico (m) | kimiawan | [kimiawan] |

| arqueólogo (m) | arkeolog | [arkeolog] |
| geólogo (m) | geolog | [geolog] |
| pesquisador (cientista) | periset, peneliti | [pəriset], [peneliti] |

| babysitter (f) | pengasuh anak | [peŋasuh anaʔ] |
| professor (m) | guru, pendidik | [guru], [pendidiʔ] |

| redator (m) | editor, penyunting | [editor], [penyuntiŋ] |
| redator-chefe (m) | editor kepala | [editor kepala] |
| correspondente (m) | koresponden | [koresponden] |
| datilógrafa (f) | juru ketik | [dʒˈuru ketiʔ] |

| designer (m) | desainer, perancang | [desajner], [pərantʃaŋ] |
| especialista (m) em informática | ahli komputer | [ahli komputer] |
| programador (m) | pemrogram | [pemrogram] |
| engenheiro (m) | insinyur | [insinyur] |

| marujo (m) | pelaut | [pelaut] |
| marinheiro (m) | kelasi | [kelasi] |
| salvador (m) | penyelamat | [penjelamat] |

| bombeiro (m) | pemadam kebakaran | [pemadam kebakaran] |
| polícia (m) | polisi | [polisi] |
| guarda-noturno (m) | penjaga | [pendʒˈaga] |
| detetive (m) | detektif | [detektif] |

| funcionário (m) da alfândega | petugas pabean | [petugas pabean] |
| guarda-costas (m) | pengawal pribadi | [peŋawal pribadi] |
| guarda (m) prisional | sipir, penjaga penjara | [sipir], [pendʒˈaga pendʒˈara] |
| inspetor (m) | inspektur | [inspektur] |
| desportista (m) | olahragawan | [olahragawan] |
| treinador (m) | pelatih | [pelatih] |

| talhante (m) | tukang daging | [tukaŋ dagiŋ] |
| sapateiro (m) | tukang sepatu | [tukaŋ sepatu] |
| comerciante (m) | pedagang | [pedagaŋ] |
| carregador (m) | kuli | [kuli] |

| estilista (m) | perancang busana | [pərantʃaŋ busana] |
| modelo (f) | peragawati | [pəragawati] |

## 112. Ocupações. Estatuto social

| aluno, escolar (m) | siswa | [siswa] |
| estudante (~ universitária) | mahasiswa | [mahasiswa] |

| filósofo (m) | filsuf | [filsuf] |
| economista (m) | ahli ekonomi | [ahli ekonomi] |
| inventor (m) | penemu | [penemu] |

| desempregado (m) | pengganggur | [peŋgaŋgur] |
| reformado (m) | pensiunan | [pensiunan] |
| espião (m) | mata-mata | [mata-mata] |

| preso (m) | tahanan | [tahanan] |
| grevista (m) | pemogok | [pemogo'] |
| burocrata (m) | birokrat | [birokrat] |
| viajante (m) | pelancong | [pelantʃoŋ] |

| homossexual (m) | homo, homoseksual | [homo], [homoseksual] |
| hacker (m) | peretas | [pəretas] |
| hippie | hipi | [hipi] |

| bandido (m) | bandit | [bandit] |
| assassino (m) a soldo | pembunuh bayaran | [pembunuh bajaran] |
| toxicodependente (m) | pecandu narkoba | [petʃandu narkoba] |
| traficante (m) | pengedar narkoba | [peŋedar narkoba] |
| prostituta (f) | pelacur | [pelatʃur] |
| chulo (m) | germo | [germo] |

| bruxo (m) | penyihir lelaki | [penjihir lelaki] |
| bruxa (f) | penyihir perempuan | [penjihir pərempuan] |
| pirata (m) | bajak laut | [badʒ'a' laut] |
| escravo (m) | budak | [buda'] |
| samurai (m) | samurai | [samuraj] |
| selvagem (m) | orang primitif | [oraŋ primitif] |

# Desportos

## 113. Tipos de desportos. Desportistas

| | | |
|---|---|---|
| desportista (m) | olahragawan | [olahragawan] |
| tipo (m) de desporto | jenis olahraga | [dʒˈenis olahraga] |
| | | |
| basquetebol (m) | bola basket | [bola basket] |
| jogador (m) de basquetebol | pemain bola basket | [pemajn bola basket] |
| | | |
| beisebol (m) | bisbol | [bisbol] |
| jogador (m) de beisebol | pemain bisbol | [pemajn bisbol] |
| | | |
| futebol (m) | sepak bola | [sepa' bola] |
| futebolista (m) | pemain sepak bola | [pemajn sepa' bola] |
| guarda-redes (m) | kiper, penjaga gawang | [kiper], [pendʒˈaga gawaŋ] |
| | | |
| hóquei (m) | hoki | [hoki] |
| jogador (m) de hóquei | pemain hoki | [pemajn hoki] |
| | | |
| voleibol (m) | bola voli | [bola voli] |
| jogador (m) de voleibol | pemain bola voli | [pemajn bola voli] |
| | | |
| boxe (m) | tinju | [tindʒˈu] |
| boxeador, pugilista (m) | petinju | [petindʒˈu] |
| | | |
| luta (f) | gulat | [gulat] |
| lutador (m) | pegulat | [pegulat] |
| | | |
| karaté (m) | karate | [karate] |
| karateca (m) | karateka | [karateka] |
| | | |
| judo (m) | judo | [dʒˈudo] |
| judoca (m) | pejudo | [pedʒˈudo] |
| | | |
| ténis (m) | tenis | [tenis] |
| tenista (m) | petenis | [petenis] |
| | | |
| natação (f) | berenang | [bərenaŋ] |
| nadador (m) | perenang | [pərenaŋ] |
| | | |
| esgrima (f) | anggar | [aŋgar] |
| esgrimista (m) | pemain anggar | [pemajn aŋgar] |
| | | |
| xadrez (m) | catur | [tʃatur] |
| xadrezista (m) | pecatur | [petʃatur] |
| | | |
| alpinismo (m) | mendaki gunung | [məndaki gunuŋ] |
| alpinista (m) | pendaki gunung | [pendaki gunuŋ] |
| corrida (f) | lari | [lari] |

| | | |
|---|---|---|
| corredor (m) | pelari | [pelari] |
| atletismo (m) | atletik | [atleti⁷] |
| atleta (m) | atlet | [atlet] |
| | | |
| hipismo (m) | menunggang kuda | [mənuŋgaŋ kuda] |
| cavaleiro (m) | penunggang kuda | [penuŋgaŋ kuda] |
| | | |
| patinagem (f) artística | seluncur indah | [seluntʃur indah] |
| patinador (m) | peseluncur indah | [peseluntʃur indah] |
| patinadora (f) | peseluncur indah | [peseluntʃur indah] |
| | | |
| halterofilismo (m) | angkat berat | [aŋkat bərat] |
| halterofilista (m) | atlet angkat berat | [atlet aŋkat bərat] |
| | | |
| corrida (f) de carros | balapan mobil | [balapan mobil] |
| piloto (m) | pembalap mobil | [pembalap mobil] |
| | | |
| ciclismo (m) | bersepeda | [bərsepeda] |
| ciclista (m) | atlet sepeda | [atlet sepeda] |
| | | |
| salto (m) em comprimento | lompat jauh | [lompat dʒiauh] |
| salto (m) à vara | lompat galah | [lompat galah] |
| atleta (m) de saltos | atlet lompat, pelompat | [atlet lompat], [pelompat] |

## 114. Tipos de desportos. Diversos

| | | |
|---|---|---|
| futebol (m) americano | futbol | [futbol] |
| badminton (m) | badminton, bulu tangkis | [badminton], [bulu taŋkis] |
| biatlo (m) | biathlon | [biatlon] |
| bilhar (m) | biliar | [biliar] |
| | | |
| bobsled (m) | bobsled | [bobsled] |
| musculação (f) | binaraga | [binaraga] |
| polo (m) aquático | polo air | [polo air] |
| andebol (m) | bola tangan | [bola taŋan] |
| golfe (m) | golf | [golf] |
| | | |
| remo (m) | mendayung | [məndajuŋ] |
| mergulho (m) | selam skuba | [selam skuba] |
| corrida (f) de esqui | ski lintas alam | [ski lintas alam] |
| ténis (m) de mesa | tenis meja | [tenis medʒia] |
| | | |
| vela (f) | berlayar | [bərlajar] |
| rali (m) | balap reli | [balap reli] |
| râguebi (m) | rugbi | [rugbi] |
| snowboard (m) | seluncur salju | [seluntʃur saldʒiu] |
| tiro (m) com arco | memanah | [memanah] |

## 115. Ginásio

| | | |
|---|---|---|
| barra (f) | barbel | [barbel] |
| halteres (m pl) | dumbel | [dumbel] |

| aparelho (m) de musculaçao | alat senam | [alat senam] |
| bicicleta (f) ergométrica | sepeda statis | [sepeda statis] |
| passadeira (f) de corrida | treadmill | [tredmil] |

| barra (f) fixa | rekstok | [reksto'] |
| barras (f) paralelas | palang sejajar | [palaŋ sedʒˈadʒˈar] |
| cavalo (m) | kuda-kuda | [kuda-kuda] |
| tapete (m) de ginástica | matras | [matras] |

| corda (f) de saltar | lompat tali | [lompat tali] |
| aeróbica (f) | aerobik | [aerobi'] |
| ioga (f) | yoga | [yoga] |

## 116. Desportos. Diversos

| Jogos (m pl) Olímpicos | Olimpiade | [olimpiade] |
| vencedor (m) | pemenang | [pemenaŋ] |
| vencer (vi) | unggul | [uŋgul] |
| vencer, ganhar (vi) | menang | [menaŋ] |

| líder (m) | pemimpin | [pemimpin] |
| liderar (vt) | memimpin | [memimpin] |

| primeiro lugar (m) | tempat pertama | [tempat pərtama] |
| segundo lugar (m) | tempat kedua | [tempat kedua] |
| terceiro lugar (m) | tempat ketiga | [tempat ketiga] |

| medalha (f) | medali | [medali] |
| troféu (m) | trofi | [trofi] |
| taça (f) | piala | [piala] |
| prémio (m) | hadiah | [hadiah] |
| prémio (m) principal | hadiah utama | [hadiah utama] |

| recorde (m) | rekor | [rekor] |
| estabelecer um recorde | menciptakan rekor | [məntʃiptakan rekor] |

| final (m) | final | [final] |
| final | final | [final] |

| campeão (m) | juara | [dʒˈuara] |
| campeonato (m) | kejuaraan | [kedʒˈuaraʔan] |

| estádio (m) | stadion | [stadion] |
| bancadas (f pl) | tribun | [tribun] |
| fã, adepto (m) | pendukung | [pendukuŋ] |
| adversário (m) | lawan | [lawan] |

| partida (f) | start | [start] |
| chegada, meta (f) | finis | [finis] |

| derrota (f) | kekalahan | [kekalahan] |
| perder (vt) | kalah | [kalah] |
| árbitro (m) | wasit | [wasit] |
| júri (m) | juri | [dʒˈuri] |

| resultado (m) | skor | [skor] |
| empate (m) | seri, hasil imbang | [seri], [hasil imbaŋ] |
| empatar (vi) | bermain seri | [bərmajn seri] |
| ponto (m) | poin | [poin] |
| resultado (m) final | skor, hasil akhir | [skor], [hasil ahir] |

| tempo, período (m) | babak | [babaʔ] |
| intervalo (m) | waktu istirahat | [waktu istirahat] |

| doping (m) | doping | [dopiŋ] |
| penalizar (vt) | menghukum | [məŋhukum] |
| desqualificar (vt) | mendiskualifikasi | [məndiskualifikasi] |

| aparelho (m) | alat olahraga | [alat olahraga] |
| dardo (m) | lembing | [lembiŋ] |
| peso (m) | peluru | [peluru] |
| bola (f) | bola | [bola] |

| alvo, objetivo (m) | sasaran | [sasaran] |
| alvo (~ de papel) | sasaran | [sasaran] |
| atirar, disparar (vi) | menembak | [mənembaʔ] |
| preciso (tiro ~) | akurat | [akurat] |

| treinador (m) | pelatih | [pelatih] |
| treinar (vt) | melatih | [melatih] |
| treinar-se (vr) | berlatih | [bərlatih] |
| treino (m) | latihan | [latihan] |

| ginásio (m) | gimnasium | [gimnasium] |
| exercício (m) | latihan | [latihan] |
| aquecimento (m) | pemanasan | [pemanasan] |

# Educação

## 117. Escola

| | | |
|---|---|---|
| escola (f) | sekolah | [sekolah] |
| diretor (m) de escola | kepala sekolah | [kepala sekolah] |
| | | |
| aluno (m) | murid laki-laki | [murid laki-laki] |
| aluna (f) | murid perempuan | [murid pərempuan] |
| escolar (m) | siswa | [siswa] |
| escolar (f) | siswi | [siswi] |
| | | |
| ensinar (vt) | mengajar | [məŋadʒiar] |
| aprender (vt) | belajar | [beladʒiar] |
| aprender de cor | menghafalkan | [məŋhafalkan] |
| | | |
| estudar (vi) | belajar | [beladʒiar] |
| andar na escola | bersekolah | [bərsekolah] |
| ir à escola | ke sekolah | [ke sekolah] |
| | | |
| alfabeto (m) | alfabet, abjad | [alfabet], [abdʒiad] |
| disciplina (f) | subjek, mata pelajaran | [subdʒiek], [mata peladʒiaran] |
| | | |
| sala (f) de aula | ruang kelas | [ruaŋ kelas] |
| lição (f) | pelajaran | [peladʒiaran] |
| recreio (m) | waktu istirahat | [waktu istirahat] |
| toque (m) | lonceng | [lontʃeŋ] |
| carteira (f) | bangku sekolah | [baŋku sekolah] |
| quadro (m) negro | papan tulis hitam | [papan tulis hitam] |
| | | |
| nota (f) | nilai | [nilaj] |
| boa nota (f) | nilai baik | [nilaj bajˀ] |
| nota (f) baixa | nilai jelek | [nilaj dʒieleˀ] |
| dar uma nota | memberikan nilai | [memberikan nilaj] |
| | | |
| erro (m) | kesalahan | [kesalahan] |
| fazer erros | melakukan kesalahan | [melakukan kesalahan] |
| corrigir (vt) | mengoreksi | [məŋoreksi] |
| cábula (f) | contekan | [tʃontekan] |
| | | |
| dever (m) de casa | pekerjaan rumah | [pekerdʒiaˀan rumah] |
| exercício (m) | latihan | [latihan] |
| | | |
| estar presente | hadir | [hadir] |
| estar ausente | absen, tidak hadir | [absen], [tidaˀ hadir] |
| faltar às aulas | absen dari sekolah | [absen dari sekolah] |
| | | |
| punir (vt) | menghukum | [məŋhukum] |
| punição (f) | hukuman | [hukuman] |
| comportamento (m) | perilaku | [pərilaku] |

| | | |
|---|---|---|
| boletim (m) escolar | rapor | [rapor] |
| lápis (m) | pensil | [pensil] |
| borracha (f) | karet penghapus | [karet peŋhapus] |
| giz (m) | kapur | [kapur] |
| estojo (m) | kotak pensil | [kota' pensil] |
| | | |
| pasta (f) escolar | tas sekolah | [tas sekolah] |
| caneta (f) | pen | [pen] |
| caderno (m) | buku tulis | [buku tulis] |
| manual (m) escolar | buku pelajaran | [buku peladʒʲaran] |
| compasso (m) | paser, jangka | [paser], [dʒʲaŋka] |
| | | |
| traçar (vt) | menggambar | [məŋgambar] |
| desenho (m) técnico | gambar teknik | [gambar tekni'] |
| | | |
| poesia (f) | puisi, sajak | [puisi], [sadʒʲa'] |
| de cor | hafal | [hafal] |
| aprender de cor | menghafalkan | [məŋhafalkan] |
| | | |
| férias (f pl) | liburan sekolah | [liburan sekolah] |
| estar de férias | berlibur | [bərlibur] |
| passar as férias | menjalani liburan | [məndʒʲalani liburan] |
| | | |
| teste (m) | tes, kuis | [tes], [kuis] |
| composição, redação (f) | esai, karangan | [esaj], [karaŋan] |
| ditado (m) | dikte | [dikte] |
| exame (m) | ujian | [udʒian] |
| fazer exame | menempuh ujian | [mənempuh udʒian] |
| experiência (~ química) | eksperimen | [eksperimen] |

## 118. Colégio. Universidade

| | | |
|---|---|---|
| academia (f) | akademi | [akademi] |
| universidade (f) | universitas | [universitas] |
| faculdade (f) | fakultas | [fakultas] |
| | | |
| estudante (m) | mahasiswa | [mahasiswa] |
| estudante (f) | mahasiswi | [mahasiswi] |
| professor (m) | dosen | [dosen] |
| | | |
| sala (f) de palestras | ruang kuliah | [ruaŋ kuliah] |
| graduado (m) | lulusan | [lulusan] |
| | | |
| diploma (m) | ijazah | [idʒʲazah] |
| tese (f) | disertasi | [disertasi] |
| | | |
| estudo (obra) | penelitian | [penelitian] |
| laboratório (m) | laboratorium | [laboratorium] |
| | | |
| palestra (f) | kuliah | [kuliah] |
| colega (m) de curso | rekan sekuliah | [rekan sekuliah] |
| | | |
| bolsa (f) de estudos | beasiswa | [beasiswa] |
| grau (m) académico | gelar akademik | [gelar akademi'] |

## 119. Ciências. Disciplinas

| | | |
|---|---|---|
| matemática (f) | matematika | [matematika] |
| álgebra (f) | aljabar | [aldʒʲabar] |
| geometria (f) | geometri | [geometri] |
| | | |
| astronomia (f) | astronomi | [astronomi] |
| biologia (f) | biologi | [biologi] |
| geografia (f) | geografi | [geografi] |
| geologia (f) | geologi | [geologi] |
| história (f) | sejarah | [sedʒʲarah] |
| | | |
| medicina (f) | kedokteran | [kedokteran] |
| pedagogia (f) | pedagogi | [pedagogi] |
| direito (m) | hukum | [hukum] |
| | | |
| física (f) | fisika | [fisika] |
| química (f) | kimia | [kimia] |
| filosofia (f) | filsafat | [filsafat] |
| psicologia (f) | psikologi | [psikologi] |

## 120. Sistema de escrita. Ortografia

| | | |
|---|---|---|
| gramática (f) | tatabahasa | [tatabahasa] |
| vocabulário (m) | kosakata | [kosakata] |
| fonética (f) | fonetik | [fonetiʔ] |
| | | |
| substantivo (m) | nomina | [nomina] |
| adjetivo (m) | adjektiva | [adʒʲektiva] |
| verbo (m) | verba | [verba] |
| advérbio (m) | adverbia | [adverbia] |
| | | |
| pronome (m) | kata ganti | [kata ganti] |
| interjeição (f) | kata seru | [kata seru] |
| preposição (f) | preposisi, kata depan | [preposisi], [kata depan] |
| | | |
| raiz (f) da palavra | kata dasar | [kata dasar] |
| terminação (f) | akhiran | [ahiran] |
| prefixo (m) | prefiks, awalan | [prefiks], [awalan] |
| sílaba (f) | suku kata | [suku kata] |
| sufixo (m) | sufiks, akhiran | [sufiks], [ahiran] |
| | | |
| acento (m) | tanda tekanan | [tanda tekanan] |
| apóstrofo (m) | apostrofi | [apostrofi] |
| | | |
| ponto (m) | titik | [titiʔ] |
| vírgula (f) | koma | [koma] |
| ponto e vírgula (m) | titik koma | [titiʔ koma] |
| dois pontos (m pl) | titik dua | [titiʔ dua] |
| reticências (f pl) | elipsis, lesapan | [elipsis], [lesapan] |
| | | |
| ponto (m) de interrogação | tanda tanya | [tanda tanja] |
| ponto (m) de exclamação | tanda seru | [tanda seru] |

| aspas (f pl) | tanda petik | [tanda peti'] |
| entre aspas | dalam tanda petik | [dalam tanda peti'] |
| parênteses (m pl) | tanda kurung | [tanda kuruŋ] |
| entre parênteses | dalam tanda kurung | [dalam tanda kuruŋ] |

| hífen (m) | tanda pisah | [tanda pisah] |
| travessão (m) | tanda hubung | [tanda hubuŋ] |
| espaço (m) | spasi | [spasi] |

| letra (f) | huruf | [huruf] |
| letra (f) maiúscula | huruf kapital | [huruf kapital] |

| vogal (f) | vokal | [vokal] |
| consoante (f) | konsonan | [konsonan] |

| frase (f) | kalimat | [kalimat] |
| sujeito (m) | subjek | [subdʒie'] |
| predicado (m) | predikat | [predikat] |

| linha (f) | baris | [baris] |
| em uma nova linha | di baris baru | [di baris baru] |
| parágrafo (m) | alinea, paragraf | [alinea], [paragraf] |

| palavra (f) | kata | [kata] |
| grupo (m) de palavras | rangkaian kata | [raŋkajan kata] |
| expressão (f) | ungkapan | [uŋkapan] |
| sinónimo (m) | sinonim | [sinonim] |
| antónimo (m) | antonim | [antonim] |

| regra (f) | peraturan | [pəraturan] |
| exceção (f) | perkecualian | [pərketʃualian] |
| correto | benar, betul | [benar], [betul] |

| conjugação (f) | konjugasi | [kondʒiugasi] |
| declinação (f) | deklinasi | [deklinasi] |
| caso (m) | kasus nominal | [kasus nominal] |
| pergunta (f) | pertanyaan | [pərtanja'an] |
| sublinhar (vt) | menggaris bawahi | [məŋgaris bawahi] |
| linha (f) pontilhada | garis bertitik | [garis bərtiti'] |

## 121. Línguas estrangeiras

| língua (f) | bahasa | [bahasa] |
| estrangeiro | asing | [asiŋ] |
| língua (f) estrangeira | bahasa asing | [bahasa asiŋ] |
| estudar (vt) | mempelajari | [mempeladʒiari] |
| aprender (vt) | belajar | [beladʒiar] |

| ler (vt) | membaca | [membatʃa] |
| falar (vi) | berbicara | [bərbitʃara] |
| compreender (vt) | mengerti | [məŋerti] |
| escrever (vt) | menulis | [mənulis] |
| rapidamente | cepat, fasih | [tʃepat], [fasih] |
| devagar | perlahan-lahan | [pərlahan-lahan] |

| fluentemente | fasih | [fasih] |
| regras (f pl) | peraturan | [pəraturan] |
| gramática (f) | tatabahasa | [tatabahasa] |
| vocabulário (m) | kosakata | [kosakata] |
| fonética (f) | fonetik | [foneti'] |

| manual (m) escolar | buku pelajaran | [buku peladʒˈaran] |
| dicionário (m) | kamus | [kamus] |
| manual (m) | buku autodidak | [buku autodida'] |
| de autoaprendizagem | | |
| guia (m) de conversação | panduan percakapan | [panduan pərtʃakapan] |

| cassete (f) | kaset | [kaset] |
| vídeo cassete (m) | kaset video | [kaset video] |
| CD (m) | cakram kompak | [tʃakram kompa'] |
| DVD (m) | cakram DVD | [tʃakram di-vi-di] |

| alfabeto (m) | alfabet, abjad | [alfabet], [abdʒˈad] |
| soletrar (vt) | mengeja | [məŋedʒˈa] |
| pronúncia (f) | pelafalan | [pelafalan] |

| sotaque (m) | aksen | [aksen] |
| com sotaque | dengan aksen | [deŋan aksen] |
| sem sotaque | tanpa aksen | [tanpa aksen] |

| palavra (f) | kata | [kata] |
| sentido (m) | arti | [arti] |

| cursos (m pl) | kursus | [kursus] |
| inscrever-se (vr) | Mendaftar | [məndaftar] |
| professor (m) | guru | [guru] |

| tradução (processo) | penerjemahan | [penerdʒˈemahan] |
| tradução (texto) | terjemahan | [tərdʒˈemahan] |
| tradutor (m) | penerjemah | [penerdʒˈemah] |
| intérprete (m) | juru bahasa | [dʒˈuru bahasa] |

| poliglota (m) | poliglot | [poliglot] |
| memória (f) | memori, daya ingat | [memori], [daja iŋat] |

## 122. Personagens de contos de fadas

| Pai (m) Natal | Sinterklas | [sinterklas] |
| Cinderela (f) | Cinderella | [tʃinderella] |
| sereia (f) | putri duyung | [putri duyuŋ] |
| Neptuno (m) | Neptunus | [neptunus] |

| mago (m) | penyihir | [penjihir] |
| fada (f) | peri | [peri] |
| mágico | sihir | [sihir] |
| varinha (f) mágica | tongkat sihir | [toŋkat sihir] |

| conto (m) de fadas | dongeng | [doŋeŋ] |
| milagre (m) | keajaiban | [keadʒˈajban] |

| anão (m) | kerdil, katai | [kerdil], [kataj] |
|---|---|---|
| transformar-se em ... | menjelma menjadi ... | [məndʒʲelma məndʒʲadi ...] |

| fantasma (m) | fantom | [fantom] |
|---|---|---|
| espetro (m) | hantu | [hantu] |
| monstro (m) | monster | [monster] |
| dragão (m) | naga | [naga] |
| gigante (m) | raksasa | [raksasa] |

## 123. Signos do Zodíaco

| Carneiro | Aries | [aries] |
|---|---|---|
| Touro | Taurus | [taurus] |
| Gémeos | Gemini | [dʒʲemini] |
| Caranguejo | Cancer | [kanser] |
| Leão | Leo | [leo] |
| Virgem (f) | Virgo | [virgo] |

| Balança | Libra | [libra] |
|---|---|---|
| Escorpião | Scorpio | [skorpio] |
| Sagitário | Sagitarius | [sagitarius] |
| Capricórnio | Capricorn | [keprikon] |
| Aquário | Aquarius | [akuarius] |
| Peixes | Pisces | [pistʃes] |

| caráter (m) | karakter | [karakter] |
|---|---|---|
| traços (m pl) do caráter | ciri karakter | [tʃiri karakter] |
| comportamento (m) | tingkah laku | [tiŋkah laku] |
| predizer (vt) | meramal | [meramal] |
| adivinha (f) | peramal | [pəramal] |
| horóscopo (m) | horoskop | [horoskop] |

# Artes

## 124. Teatro

| | | |
|---|---|---|
| teatro (m) | teater | [teater] |
| ópera (f) | opera | [opera] |
| opereta (f) | opereta | [opereta] |
| balé (m) | balet | [balet] |
| | | |
| cartaz (m) | poster | [poster] |
| companhia (f) teatral | rombongan teater | [romboŋan teater] |
| turné (digressão) | tur, pertunjukan keliling | [tur], [pərtundʒʲukan keliliŋ] |
| estar em turné | mengadakan tur | [məŋadakan tur] |
| ensaiar (vt) | berlatih | [bərlatih] |
| ensaio (m) | geladi | [geladi] |
| repertório (m) | repertoar | [repertoar] |
| | | |
| apresentação (f) | pertunjukan | [pərtundʒʲukan] |
| espetáculo (m) | pergelaran | [pərgelaran] |
| peça (f) | lakon | [lakon] |
| | | |
| bilhete (m) | tiket | [tiket] |
| bilheteira (f) | loket tiket | [loket tiket] |
| hall (m) | lobi, ruang depan | [lobi], [ruaŋ depan] |
| guarda-roupa (m) | tempat penitipan jas | [tempat penitipan dʒʲas] |
| senha (f) numerada | nomor penitipan jas | [nomor penitipan dʒʲas] |
| binóculo (m) | binokular | [binokular] |
| lanterninha (m) | petugas penyobek tiket | [petugas penjobeʔ tiket] |
| | | |
| plateia (f) | kursi orkestra | [kursi orkestra] |
| balcão (m) | balkon | [balkon] |
| primeiro balcão (m) | tingkat pertama | [tiŋkat pərtama] |
| camarote (m) | boks | [boks] |
| fila (f) | barisan | [barisan] |
| assento (m) | tempat duduk | [tempat duduʔ] |
| | | |
| público (m) | khalayak | [halajaʔ] |
| espetador (m) | penonton | [penonton] |
| aplaudir (vt) | bertepuk tangan | [bərtepuʔ taŋan] |
| aplausos (m pl) | aplaus, tepuk tangan | [aplaus], [tepuʔ taŋan] |
| ovação (f) | ovasi, tepuk tangan | [ovasi], [tepuʔ taŋan] |
| | | |
| palco (m) | panggung | [paŋguŋ] |
| pano (m) de boca | tirai | [tiraj] |
| cenário (m) | tata panggung | [tata paŋguŋ] |
| bastidores (m pl) | belakang panggung | [belakaŋ paŋguŋ] |
| | | |
| cena (f) | adegan | [adegan] |
| ato (m) | babak | [babaʔ] |
| entreato (m) | waktu istirahat | [waktu istirahat] |

## 125. Cinema

| | | |
|---|---|---|
| ator (m) | **aktor** | [aktor] |
| atriz (f) | **aktris** | [aktris] |
| | | |
| cinema (m) | **sinematografi, perfilman** | [sinematografi], [pərfilman] |
| filme (m) | **film** | [film] |
| episódio (m) | **episode, seri** | [episode], [seri] |
| | | |
| filme (m) policial | **detektif** | [detektif] |
| filme (m) de ação | **film laga** | [film laga] |
| filme (m) de aventuras | **film petualangan** | [film petualaŋan] |
| filme (m) de ficção científica | **film fiksi ilmiah** | [film fiksi ilmiah] |
| filme (m) de terror | **film horor** | [film horor] |
| | | |
| comédia (f) | **film komedi** | [film komedi] |
| melodrama (m) | **melodrama** | [melodrama] |
| drama (m) | **drama** | [drama] |
| | | |
| filme (m) ficcional | **film fiksi** | [film fiksi] |
| documentário (m) | **film dokumenter** | [film dokumenter] |
| desenho (m) animado | **kartun** | [kartun] |
| cinema (m) mudo | **film bisu** | [film bisu] |
| | | |
| papel (m) | **peran** | [peran] |
| papel (m) principal | **peran utama** | [peran utama] |
| representar (vt) | **berperan** | [bərperan] |
| | | |
| estrela (f) de cinema | **bintang film** | [bintaŋ film] |
| conhecido | **terkenal** | [tərkenal] |
| famoso | **terkenal** | [tərkenal] |
| popular | **populer, terkenal** | [populer], [tərkenal] |
| | | |
| argumento (m) | **skenario** | [skenario] |
| argumentista (m) | **penulis skenario** | [penulis skenario] |
| realizador (m) | **sutradara** | [sutradara] |
| produtor (m) | **produser** | [produser] |
| assistente (m) | **asisten** | [asisten] |
| diretor (m) de fotografia | **kamerawan** | [kamerawan] |
| duplo (m) | **pemeran pengganti** | [pemeran peŋganti] |
| duplo (m) de corpo | **pengganti** | [peŋganti] |
| | | |
| filmar (vt) | **merekam film** | [merekam film] |
| audição (f) | **audisi** | [audisi] |
| filmagem (f) | **syuting, pengambilan gambar** | [ʃyutiŋ], [peɲambilan gambar] |
| | | |
| equipe (f) de filmagem | **rombongan film** | [romboŋan film] |
| set (m) de filmagem | **set film** | [set film] |
| câmara (f) | **kamera** | [kamera] |
| | | |
| cinema (m) | **bioskop** | [bioskop] |
| ecrã (m), tela (f) | **layar** | [lajar] |
| exibir um filme | **menayangkan film** | [menajaŋkan film] |
| pista (f) sonora | **soundtrack, trek suara** | [saundtrek], [tre' suara] |
| efeitos (m pl) especiais | **efek khusus** | [efe' husus] |

| legendas (f pl) | subjudul, teks film | [subdʒ'udul], [teks film] |
| crédito (m) | ucapan terima kasih | [utʃapan tərima kasih] |
| tradução (f) | terjemahan | [tərdʒ'emahan] |

## 126. Pintura

| arte (f) | seni | [seni] |
| belas-artes (f pl) | seni rupa | [seni rupa] |
| galeria (f) de arte | galeri seni | [galeri seni] |
| exposição (f) de arte | pameran seni | [pameran seni] |

| pintura (f) | seni lukis | [seni lukis] |
| arte (f) gráfica | seni grafis | [seni grafis] |
| arte (f) abstrata | seni abstrak | [seni abstra'] |
| impressionismo (m) | impresionisme | [impresionisme] |

| pintura (f), quadro (m) | lukisan | [lukisan] |
| desenho (m) | gambar | [gambar] |
| cartaz, póster (m) | poster | [poster] |

| ilustração (f) | ilustrasi | [ilustrasi] |
| miniatura (f) | miniatur | [miniatur] |
| cópia (f) | salinan | [salinan] |
| reprodução (f) | reproduksi | [reproduksi] |

| mosaico (m) | mozaik | [mozaj'] |
| vitral (m) | kaca berwarna | [katʃa bərwarna] |
| fresco (m) | fresko | [fresko] |
| gravura (f) | gravir | [gravir] |

| busto (m) | patung sedada | [patuŋ sedada] |
| escultura (f) | seni patung | [seni patuŋ] |
| estátua (f) | patung | [patuŋ] |
| gesso (m) | gips | [gips] |
| em gesso | dari gips | [dari gips] |

| retrato (m) | potret | [potret] |
| autorretrato (m) | potret diri | [potret diri] |
| paisagem (f) | lukisan lanskap | [lukisan lanskap] |
| natureza (f) morta | alam benda | [alam benda] |
| caricatura (f) | karikatur | [karikatur] |
| esboço (m) | sketsa | [sketsa] |

| tinta (f) | cat | [tʃat] |
| aguarela (f) | cat air | [tʃat air] |
| óleo (m) | cat minyak | [tʃat minja'] |
| lápis (m) | pensil | [pensil] |
| tinta da China (f) | tinta gambar | [tinta gambar] |
| carvão (m) | arang | [araŋ] |

| desenhar (vt) | menggambar | [məŋgambar] |
| pintar (vt) | melukis | [melukis] |
| posar (vi) | berpose | [bərpose] |
| modelo (m) | model lelaki | [model lelaki] |

| | | |
|---|---|---|
| modelo (f) | model perempuan | [model pərempuan] |
| pintor (m) | perupa | [pərupa] |
| obra (f) | karya seni | [karja seni] |
| obra-prima (f) | adikarya, mahakarya | [adikarja], [mahakarja] |
| estúdio (m) | studio seni | [studio seni] |
| | | |
| tela (f) | kanvas | [kanvas] |
| cavalete (m) | esel, kuda-kuda | [esel], [kuda-kuda] |
| paleta (f) | palet | [palet] |
| | | |
| moldura (f) | bingkai | [biŋkaj] |
| restauração (f) | pemugaran | [pemugaran] |
| restaurar (vt) | memugar | [memugar] |

## 127. Literatura & Poesia

| | | |
|---|---|---|
| literatura (f) | sastra, kesusastraan | [sastra], [kesusastra'an] |
| autor (m) | pengarang | [peŋaraŋ] |
| pseudónimo (m) | pseudonim, nama samaran | [pseudonim], [nama samaran] |
| | | |
| livro (m) | buku | [buku] |
| volume (m) | jilid | [dʒilid] |
| índice (m) | daftar isi | [daftar isi] |
| página (f) | halaman | [halaman] |
| protagonista (m) | karakter utama | [karakter utama] |
| autógrafo (m) | tanda tangan | [tanda taŋan] |
| | | |
| conto (m) | cerpen | [tʃerpen] |
| novela (f) | novel, cerita | [novel], [tʃerita] |
| romance (m) | novel | [novel] |
| obra (f) | karya | [karja] |
| fábula (m) | fabel | [fabel] |
| romance (m) policial | novel detektif | [novel detektif] |
| | | |
| poesia (obra) | puisi, sajak | [puisi], [sadʒʲa'] |
| poesia (arte) | puisi | [puisi] |
| poema (m) | puisi | [puisi] |
| poeta (m) | penyair | [penjajr] |
| | | |
| ficção (f) | fiksi | [fiksi] |
| ficção (f) científica | fiksi ilmiah | [fiksi ilmiah] |
| aventuras (f pl) | petualangan | [petualaŋan] |
| literatura (f) didática | literatur pendidikan | [literatur pendidikan] |
| literatura (f) infantil | sastra kanak-kanak | [sastra kana'-kana'] |

## 128. Circo

| | | |
|---|---|---|
| circo (m) | sirkus | [sirkus] |
| circo (m) ambulante | sirkus keliling | [sirkus keliliŋ] |
| programa (m) | program | [program] |
| apresentação (f) | pertunjukan | [pərtundʒʲukan] |

| número (m) | aksi | [aksi] |
| arena (f) | arena | [arena] |

| pantomima (f) | pantomim | [pantomim] |
| palhaço (m) | badut | [badut] |

| acrobata (m) | pemain akrobat | [pemajn akrobat] |
| acrobacia (f) | akrobatik | [akrobatiʔ] |
| ginasta (m) | pesenam | [pesenam] |
| ginástica (f) | senam | [senam] |
| salto (m) mortal | salto | [salto] |

| homem forte (m) | orang kuat | [oraŋ kuat] |
| domador (m) | penjinak hewan | [pendʒinaʔ hewan] |
| cavaleiro (m) equilibrista | penunggang kuda | [penuŋgaŋ kuda] |
| assistente (m) | asisten | [asisten] |

| truque (m) | stunt | [stun] |
| truque (m) de mágica | trik sulap | [triʔ sulap] |
| mágico (m) | pesulap | [pesulap] |

| malabarista (m) | juggler | [dʒʲuggler] |
| fazer malabarismos | bermain juggling | [bərmajn dʒʲugglin] |
| domador (m) | pelatih binatang | [pelatih binataŋ] |
| adestramento (m) | pelatihan binatang | [pelatihan binataŋ] |
| adestrar (vt) | melatih | [melatih] |

## 129. Música. Música popular

| música (f) | musik | [musiʔ] |
| músico (m) | musisi, musikus | [musisi], [musikus] |
| instrumento (m) musical | alat musik | [alat musiʔ] |
| tocar ... | bermain ... | [bərmajn ...] |

| guitarra (f) | gitar | [gitar] |
| violino (m) | biola | [biola] |
| violoncelo (m) | selo | [selo] |
| contrabaixo (m) | kontrabas | [kontrabas] |
| harpa (f) | harpa | [harpa] |

| piano (m) | piano | [piano] |
| piano (m) de cauda | grand piano | [grand piano] |
| órgão (m) | organ | [organ] |

| instrumentos (m pl) de sopro | alat musik tiup | [alat musiʔ tiup] |
| oboé (m) | obo | [obo] |
| saxofone (m) | saksofon | [saksofon] |
| clarinete (m) | klarinet | [klarinet] |
| flauta (f) | suling | [suliŋ] |
| trompete (m) | trompet | [trompet] |

| acordeão (m) | akordeon | [akordeon] |
| tambor (m) | drum | [drum] |
| duo, dueto (m) | duo, duet | [duo], [duet] |

| | | |
|---|---|---|
| trio (m) | trio | [trio] |
| quarteto (m) | kuartet | [kuartet] |
| coro (m) | kor | [kor] |
| orquestra (f) | orkestra | [orkestra] |
| | | |
| música (f) pop | musik pop | [musiʔ pop] |
| música (f) rock | musik rok | [musiʔ roʔ] |
| grupo (m) de rock | grup musik rok | [grup musiʔ roʔ] |
| jazz (m) | jaz | [dʒʲaz] |
| | | |
| ídolo (m) | idola | [idola] |
| fã, admirador (m) | pengagum | [peŋagum] |
| | | |
| concerto (m) | konser | [konser] |
| sinfonia (f) | simfoni | [simfoni] |
| composição (f) | komposisi | [komposisi] |
| compor (vt) | menggubah, mencipta | [məŋgubah], [məntʃipta] |
| | | |
| canto (m) | nyanyian | [njanjian] |
| canção (f) | lagu | [lagu] |
| melodia (f) | nada, melodi | [nada], [melodi] |
| ritmo (m) | irama | [irama] |
| blues (m) | musik blues | [musiʔ blus] |
| | | |
| notas (f pl) | notasi musik | [notasi musiʔ] |
| batuta (f) | tongkat dirigen | [toŋkat dirigen] |
| arco (m) | penggesek | [peŋgeseʔ] |
| corda (f) | tali, senar | [tali], [senar] |
| estojo (m) | wadah | [wadah] |

# Descanso. Entretenimento. Viagens

## 130. Viagens

| | | |
|---|---|---|
| turismo (m) | **pariwisata** | [pariwisata] |
| turista (m) | **turis, wisatawan** | [turis], [wisatawan] |
| viagem (f) | **pengembaraan** | [peŋembaraʔan] |
| aventura (f) | **petualangan** | [petualaŋan] |
| viagem (f) | **perjalanan, lawatan** | [pərdʒˈalanan], [lawatan] |
| | | |
| férias (f pl) | **liburan** | [liburan] |
| estar de férias | **berlibur** | [bərlibur] |
| descanso (m) | **istirahat** | [istirahat] |
| | | |
| comboio (m) | **kereta api** | [kereta api] |
| de comboio (chegar ~) | **naik kereta api** | [naiʔ kereta api] |
| avião (m) | **pesawat terbang** | [pesawat tərbaŋ] |
| de avião | **naik pesawat terbang** | [naiʔ pesawat tərbaŋ] |
| de carro | **naik mobil** | [naiʔ mobil] |
| de navio | **naik kapal** | [naiʔ kapal] |
| | | |
| bagagem (f) | **bagasi** | [bagasi] |
| mala (f) | **koper** | [koper] |
| carrinho (m) | **troli bagasi** | [troli bagasi] |
| | | |
| passaporte (m) | **paspor** | [paspor] |
| visto (m) | **visa** | [visa] |
| bilhete (m) | **tiket** | [tiket] |
| bilhete (m) de avião | **tiket pesawat terbang** | [tiket pesawat tərbaŋ] |
| | | |
| guia (m) de viagem | **buku pedoman** | [buku pedoman] |
| mapa (m) | **peta** | [peta] |
| local (m), area (f) | **kawasan** | [kawasan] |
| lugar, sítio (m) | **tempat** | [tempat] |
| | | |
| exotismo (m) | **keeksotisan** | [keeksotisan] |
| exótico | **eksotis** | [eksotis] |
| surpreendente | **menakjubkan** | [mənakdʒˈubkan] |
| | | |
| grupo (m) | **kelompok** | [kelompoʔ] |
| excursão (f) | **ekskursi** | [ekskursi] |
| guia (m) | **pemandu wisata** | [pemandu wisata] |

## 131. Hotel

| | | |
|---|---|---|
| hotel (m), pensão (f) | **hotel** | [hotel] |
| motel (m) | **motel** | [motel] |
| três estrelas | **bintang tiga** | [bintaŋ tiga] |

| cinco estrelas | bintang lima | [bintaŋ lima] |
| ficar (~ num hotel) | menginap | [məŋinap] |

| quarto (m) | kamar | [kamar] |
| quarto (m) individual | kamar tunggal | [kamar tuŋgal] |
| quarto (m) duplo | kamar ganda | [kamar ganda] |
| reservar um quarto | memesan kamar | [memesan kamar] |

| meia pensão (f) | sewa setengah | [sewa seteŋah] |
| pensão (f) completa | sewa penuh | [sewa penuh] |

| com banheira | dengan kamar mandi | [deŋan kamar mandi] |
| com duche | dengan pancuran | [deŋan pantʃuran] |
| televisão (m) satélite | televisi satelit | [televisi satelit] |
| ar (m) condicionado | penyejuk udara | [penjedʒʲuʔ udara] |
| toalha (f) | handuk | [handuʔ] |
| chave (f) | kunci | [kuntʃi] |

| administrador (m) | administrator | [administrator] |
| camareira (f) | pelayan kamar | [pelajan kamar] |
| bagageiro (m) | porter | [porter] |
| porteiro (m) | pramupintu | [pramupintu] |

| restaurante (m) | restoran | [restoran] |
| bar (m) | bar | [bar] |
| pequeno-almoço (m) | makan pagi, sarapan | [makan pagi], [sarapan] |
| jantar (m) | makan malam | [makan malam] |
| buffet (m) | prasmanan | [prasmanan] |

| hall (m) de entrada | lobi | [lobi] |
| elevador (m) | elevator | [elevator] |

| NÃO PERTURBE | JANGAN MENGGANGGU | [dʒʲaŋan məŋgaŋgu] |
| PROIBIDO FUMAR! | DILARANG MEROKOK! | [dilaraŋ merokoʔ!] |

## 132. Livros. Leitura

| livro (m) | buku | [buku] |
| autor (m) | pengarang | [peŋaraŋ] |
| escritor (m) | penulis | [penulis] |
| escrever (vt) | menulis | [mənulis] |

| leitor (m) | pembaca | [pembatʃa] |
| ler (vt) | membaca | [membatʃa] |
| leitura (f) | membaca | [membatʃa] |

| para si | dalam hati | [dalam hati] |
| em voz alta | dengan keras | [deŋan keras] |

| publicar (vt) | menerbitkan | [mənerbitkan] |
| publicação (f) | penerbitan | [penerbitan] |
| editor (m) | penerbit | [penerbit] |
| editora (f) | penerbit | [penerbit] |
| sair (vi) | terbit | [terbit] |

| | | |
|---|---|---|
| lançamento (m) | penerbitan | [penerbitan] |
| tiragem (f) | oplah | [oplah] |
| | | |
| livraria (f) | toko buku | [toko buku] |
| biblioteca (f) | perpustakaan | [pərpustaka'an] |
| | | |
| novela (f) | novel, cerita | [novel], [tʃerita] |
| conto (m) | cerpen | [tʃerpen] |
| romance (m) | novel | [novel] |
| romance (m) policial | novel detektif | [novel detektif] |
| | | |
| memórias (f pl) | memoir | [memoir] |
| lenda (f) | legenda | [legenda] |
| mito (m) | mitos | [mitos] |
| | | |
| poesia (f) | puisi | [puisi] |
| autobiografia (f) | autobiografi | [autobiografi] |
| obras (f pl) escolhidas | karya pilihan | [karja pilihan] |
| ficção (f) científica | fiksi ilmiah | [fiksi ilmiah] |
| | | |
| título (m) | judul | [dʒudul] |
| introdução (f) | pendahuluan | [pendahuluan] |
| folha (f) de rosto | halaman judul | [halaman dʒudul] |
| | | |
| capítulo (m) | bab | [bab] |
| excerto (m) | kutipan | [kutipan] |
| episódio (m) | episode | [episode] |
| | | |
| tema (m) | alur cerita | [alur tʃerita] |
| conteúdo (m) | daftar isi | [daftar isi] |
| índice (m) | daftar isi | [daftar isi] |
| protagonista (m) | karakter utama | [karakter utama] |
| | | |
| tomo, volume (m) | jilid | [dʒilid] |
| capa (f) | sampul | [sampul] |
| encadernação (f) | penjilidan | [pendʒilidan] |
| marcador (m) de livro | pembatas buku | [pembatas buku] |
| | | |
| página (f) | halaman | [halaman] |
| folhear (vt) | membolak-balik | [membola'-bali'] |
| margem (f) | margin | [margin] |
| anotação (f) | anotasi, catatan | [anotasi], [tʃatatan] |
| nota (f) de rodapé | catatan kaki | [tʃatatan kaki] |
| | | |
| texto (m) | teks | [teks] |
| fonte (f) | huruf | [huruf] |
| gralha (f) | salah cetak | [salah tʃeta'] |
| | | |
| tradução (f) | terjemahan | [tərdʒemahan] |
| traduzir (vt) | menerjemahkan | [mənerdʒemahkan] |
| | | |
| famoso | terkenal | [tərkenal] |
| desconhecido | tidak dikenali | [tida' dikenali] |
| interessante | menarik | [mənari'] |
| best-seller (m) | buku laris | [buku laris] |
| dicionário (m) | kamus | [kamus] |

| manual (m) escolar | buku pelajaran | [buku peladʒʲaran] |
|---|---|---|
| enciclopédia (f) | ensiklopedi | [ensiklopedi] |

## 133. Caça. Pesca

| caça (f) | perburuan | [pərburuan] |
|---|---|---|
| caçar (vi) | berburu | [bərburu] |
| caçador (m) | pemburu | [pemburu] |

| atirar (vi) | menembak | [mənembaʔ] |
|---|---|---|
| caçadeira (f) | senapan | [senapan] |
| cartucho (m) | peluru, patrun | [peluru], [patrun] |
| chumbo (m) de caça | peluru gotri | [peluru gotri] |

| armadilha (f) | perangkap | [pəraŋkap] |
|---|---|---|
| armadilha (com corda) | perangkap | [pəraŋkap] |
| cair na armadilha | terperangkap | [tərperaŋkap] |
| pôr a armadilha | memasang perangkap | [memasaŋ pəraŋkap] |

| caçador (m) furtivo | pemburu ilegal | [pemburu ilegal] |
|---|---|---|
| caça (f) | binatang buruan | [binataŋ buruan] |
| cão (m) de caça | anjing pemburu | [andʒiŋ pemburu] |

| safári (m) | safari | [safari] |
|---|---|---|
| animal (m) empalhado | patung binatang | [patuŋ binataŋ] |

| pescador (m) | nelayan, pemancing | [nelajan], [pemanʧiŋ] |
|---|---|---|
| pesca (f) | memancing | [memanʧiŋ] |
| pescar (vt) | memancing | [memanʧiŋ] |

| cana (f) de pesca | joran | [dʒoran] |
|---|---|---|
| linha (f) de pesca | tali pancing | [tali panʧiŋ] |
| anzol (m) | kail | [kail] |

| boia (f) | pelampung | [pelampuŋ] |
|---|---|---|
| isca (f) | umpan | [umpan] |

| lançar a linha | melempar pancing | [melempar panʧiŋ] |
|---|---|---|
| morder (vt) | memakan umpan | [memakan umpan] |

| pesca (f) | tangkapan | [taŋkapan] |
|---|---|---|
| buraco (m) no gelo | lubang es | [lubaŋ es] |

| rede (f) | jala | [dʒʲala] |
|---|---|---|
| barco (m) | perahu | [pərahu] |

| pescar com rede | menjala | [məndʒʲala] |
|---|---|---|
| lançar a rede | menabur jala | [mənabur dʒʲala] |
| puxar a rede | menarik jala | [mənariʔ dʒʲala] |
| cair nas malhas | tertangkap dalam jala | [tərtaŋkap dalam dʒʲala] |

| baleeiro (m) | pemburu paus | [pemburu paus] |
|---|---|---|
| baleeira (f) | kapal pemburu paus | [kapal pemburu paus] |
| arpão (m) | tempuling | [tempuliŋ] |

## 134. Jogos. Bilhar

| | | |
|---|---|---|
| bilhar (m) | biliar | [biliar] |
| sala (f) de bilhar | kamar biliar | [kamar biliar] |
| bola (f) de bilhar | bola | [bola] |
| | | |
| embolsar uma bola | memasukkan bola | [memasuˀkan bola] |
| taco (m) | stik | [stiˀ] |
| caçapa (f) | lubang meja biliar | [lubaŋ medʒia biliar] |

## 135. Jogos. Jogar cartas

| | | |
|---|---|---|
| ouros (m pl) | wajik | [wadʒiˀ] |
| espadas (f pl) | sekop | [sekop] |
| copas (f pl) | hati | [hati] |
| paus (m pl) | keriting | [keritiŋ] |
| | | |
| ás (m) | as | [as] |
| rei (m) | raja | [radʒia] |
| dama (f) | ratu | [ratu] |
| valete (m) | jack | [dʒie̍ˀ] |
| | | |
| carta (f) de jogar | kartu permainan | [kartu pərmajnan] |
| cartas (f pl) | kartu | [kartu] |
| trunfo (m) | truf | [truf] |
| baralho (m) | pak kartu | [paˀ kartu] |
| | | |
| ponto (m) | poin | [poin] |
| dar, distribuir (vt) | membagikan | [membagikan] |
| embaralhar (vt) | mengocok | [məŋotʃoˀ] |
| vez, jogada (f) | giliran | [giliran] |
| batoteiro (m) | pemain kartu curang | [pemajn kartu tʃuraŋ] |

## 136. Descanso. Jogos. Diversos

| | | |
|---|---|---|
| passear (vi) | berjalan-jalan | [bərdʒialan-dʒialan] |
| passeio (m) | jalan-jalan | [dʒialan-dʒialan] |
| viagem (f) de carro | perjalanan | [pərdʒialanan] |
| aventura (f) | petualangan | [petualaŋan] |
| piquenique (m) | piknik | [pikniˀ] |
| | | |
| jogo (m) | permainan | [pərmajnan] |
| jogador (m) | pemain | [pemajn] |
| partida (f) | partai | [partaj] |
| | | |
| colecionador (m) | kolektor | [kolektor] |
| colecionar (vt) | mengoleksi | [məŋoleksi] |
| coleção (f) | koleksi | [koleksi] |
| | | |
| palavras (f pl) cruzadas | teka-teki silang | [teka-teki silaŋ] |
| hipódromo (m) | lapangan pacu | [lapaŋan patʃu] |

| discoteca (f) | diskotik | [diskoti⁷] |
|---|---|---|
| sauna (f) | sauna | [sauna] |
| lotaria (f) | lotre | [lotre] |

| campismo (m) | darmawisata | [darmawisata] |
|---|---|---|
| acampamento (m) | perkemahan | [pərkemahan] |
| tenda (f) | tenda, kemah | [tenda], [kemah] |
| bússola (f) | kompas | [kompas] |
| campista (m) | pewisata alam | [pewisata alam] |

| ver (vt), assistir à ... | menonton | [mənonton] |
|---|---|---|
| telespectador (m) | penonton | [penonton] |
| programa (m) de TV | acara TV | [atʃara ti-vi] |

## 137. Fotografia

| máquina (f) fotográfica | kamera | [kamera] |
|---|---|---|
| foto, fotografia (f) | foto | [foto] |

| fotógrafo (m) | fotografer | [fotografer] |
|---|---|---|
| estúdio (m) fotográfico | studio foto | [studio foto] |
| álbum (m) de fotografias | album foto | [album foto] |

| objetiva (f) | lensa kamera | [lensa kamera] |
|---|---|---|
| teleobjetiva (f) | lensa telefoto | [lensa telefoto] |
| filtro (m) | filter | [filter] |
| lente (f) | lensa | [lensa] |

| ótica (f) | alat optik | [alat opti⁷] |
|---|---|---|
| abertura (f) | diafragma | [diafragma] |
| exposição (f) | kecepatan rana | [ketʃepatan rana] |
| visor (m) | jendela pengamat | [dʒˈendela peŋamat] |

| câmara (f) digital | kamera digital | [kamera digital] |
|---|---|---|
| tripé (m) | kakitiga | [kakitiga] |
| flash (m) | blitz | [blits] |

| fotografar (vt) | memotret | [memotret] |
|---|---|---|
| tirar fotos | memotret | [memotret] |
| fotografar-se | berfoto | [bərfoto] |

| foco (m) | fokus | [fokus] |
|---|---|---|
| focar (vt) | mengatur fokus | [məŋatur fokus] |
| nítido | tajam | [tadʒˈam] |
| nitidez (f) | ketajaman | [ketadʒˈaman] |

| contraste (m) | kekontrasan | [kekontrasan] |
|---|---|---|
| contrastante | kontras | [kontras] |

| retrato (m) | gambar foto | [gambar foto] |
|---|---|---|
| negativo (m) | negatif | [negatif] |
| filme (m) | film | [film] |
| fotograma (m) | frame, gambar diam | [frame], [gambar diam] |
| imprimir (vt) | mencetak | [məntʃeta⁷] |

## 138. Praia. Natação

| praia (f) | pantai | [pantaj] |
| areia (f) | pasir | [pasir] |
| deserto | sepi | [sepi] |

| bronzeado (m) | hitam terbakar matahari | [hitam tərbakar matahari] |
| bronzear-se (vr) | berjemur di sinar matahari | [bərdʒ'emur di sinar matahari] |
| bronzeado | hitam terbakar matahari | [hitam tərbakar matahari] |
| protetor (m) solar | tabir surya | [tabir surja] |

| biquíni (m) | bikini | [bikini] |
| fato (m) de banho | baju renang | [badʒ'u renaŋ] |
| calção (m) de banho | celana renang | [tʃelana renaŋ] |

| piscina (f) | kolam renang | [kolam renaŋ] |
| nadar (vi) | berenang | [bərenaŋ] |
| duche (m) | pancuran | [pantʃuran] |
| mudar de roupa | berganti pakaian | [bərganti pakajan] |
| toalha (f) | handuk | [handu'] |

| barco (m) | perahu | [pərahu] |
| lancha (f) | perahu motor | [pərahu motor] |
| esqui (m) aquático | ski air | [ski air] |
| barco (m) de pedais | sepeda air | [sepeda air] |
| surf (m) | berselancar | [bərselantʃar] |
| surfista (m) | peselancar | [peselantʃar] |

| equipamento (m) de mergulho | alat scuba | [alat skuba] |
| barbatanas (f pl) | sirip karet | [sirip karet] |
| máscara (f) | masker | [masker] |
| mergulhador (m) | penyelam | [penjelam] |
| mergulhar (vi) | menyelam | [mənjelam] |
| debaixo d'água | bawah air | [bawah air] |

| guarda-sol (m) | payung | [pajuŋ] |
| espreguiçadeira (f) | kursi pantai | [kursi pantaj] |
| óculos (m pl) de sol | kacamata hitam | [katʃamata hitam] |
| colchão (m) de ar | kasur udara | [kasur udara] |

| brincar (vi) | bermain | [bərmajn] |
| ir nadar | berenang | [bərenaŋ] |

| bola (f) de praia | bola pantai | [bola pantaj] |
| encher (vt) | meniup | [məniup] |
| inflável, de ar | udara | [udara] |

| onda (f) | gelombang | [gelombaŋ] |
| boia (f) | pelampung | [pelampuŋ] |
| afogar-se (pessoa) | tenggelam | [teŋgelam] |

| salvar (vt) | menyelamatkan | [mənjelamatkan] |
| colete (m) salva-vidas | jaket pelampung | [dʒ'aket pelampuŋ] |
| observar (vt) | mengamati | [məŋamati] |
| nadador-salvador (m) | penyelamat | [penjelamat] |

# EQUIPAMENTO TÉCNICO. TRANSPORTES

## Equipamento técnico. Transportes

### 139. Computador

| | | |
|---|---|---|
| computador (m) | komputer | [komputer] |
| portátil (m) | laptop | [laptop] |
| ligar (vt) | menyalakan | [mənjalakan] |
| desligar (vt) | mematikan | [mematikan] |
| teclado (m) | keyboard, papan tombol | [keybor], [papan tombol] |
| tecla (f) | tombol | [tombol] |
| rato (m) | tetikus | [tetikus] |
| tapete (m) de rato | bantal tetikus | [bantal tetikus] |
| botão (m) | tombol | [tombol] |
| cursor (m) | kursor | [kursor] |
| monitor (m) | monitor | [monitor] |
| ecrã (m) | layar | [lajar] |
| disco (m) rígido | hard disk, cakram keras | [hard disk], [tʃakram keras] |
| capacidade (f) do disco rígido | kapasitas cakram keras | [kapasitas tʃakram keras] |
| memória (f) | memori | [memori] |
| memória RAM (f) | memori akses acak | [memori akses atʃaʔ] |
| ficheiro (m) | file, berkas | [file], [bərkas] |
| pasta (f) | folder | [folder] |
| abrir (vt) | membuka | [membuka] |
| fechar (vt) | menutup | [mənutup] |
| guardar (vt) | menyimpan | [mənjimpan] |
| apagar, eliminar (vt) | menghapus | [məŋhapus] |
| copiar (vt) | menyalin | [mənjalin] |
| ordenar (vt) | menyortir | [mənjortir] |
| copiar (vt) | mentransfer | [məntransfer] |
| programa (m) | program | [program] |
| software (m) | perangkat lunak | [pəraŋkat lunaʔ] |
| programador (m) | pemrogram | [pemrogram] |
| programar (vt) | memprogram | [memprogram] |
| hacker (m) | peretas | [pəretas] |
| senha (f) | kata sandi | [kata sandi] |
| vírus (m) | virus | [virus] |
| detetar (vt) | mendeteksi | [məndeteksi] |
| byte (m) | bita | [bita] |

| | | |
|---|---|---|
| megabyte (m) | megabita | [megabita] |
| dados (m pl) | data | [data] |
| base (f) de dados | basis data, pangkalan data | [basis data], [paŋkalan data] |
| | | |
| cabo (m) | kabel | [kabel] |
| desconectar (vt) | melepaskan | [melepaskan] |
| conetar (vt) | menyambungkan | [mənjambuŋkan] |

## 140. Internet. E-mail

| | | |
|---|---|---|
| internet (f) | Internet | [internet] |
| browser (m) | peramban | [pəramban] |
| motor (m) de busca | mesin telusur | [mesin telusur] |
| provedor (m) | provider | [provider] |
| | | |
| webmaster (m) | webmaster, perancang web | [webmaster], [pərantʃaŋ web] |
| website, sítio web (m) | situs web | [situs web] |
| página (f) web | halaman web | [halaman web] |
| | | |
| endereço (m) | alamat | [alamat] |
| livro (m) de endereços | buku alamat | [buku alamat] |
| | | |
| caixa (f) de correio | kotak surat | [kotaʔ surat] |
| correio (m) | surat | [surat] |
| cheia (caixa de correio) | penuh | [penuh] |
| | | |
| mensagem (f) | pesan | [pesan] |
| mensagens (f pl) recebidas | pesan masuk | [pesan masuʔ] |
| mensagens (f pl) enviadas | pesan keluar | [pesan keluar] |
| | | |
| remetente (m) | pengirim | [peŋirim] |
| enviar (vt) | mengirim | [məŋirim] |
| envio (m) | pengiriman | [peŋiriman] |
| | | |
| destinatário (m) | penerima | [penerima] |
| receber (vt) | menerima | [mənerima] |
| | | |
| correspondência (f) | surat-menyurat | [surat-menyurat] |
| corresponder-se (vr) | surat-menyurat | [surat-menyurat] |
| | | |
| ficheiro (m) | file, berkas | [file], [bərkas] |
| fazer download, baixar | mengunduh | [məŋunduh] |
| criar (vt) | membuat | [membuat] |
| apagar, eliminar (vt) | menghapus | [məŋhapus] |
| eliminado | terhapus | [tərhapus] |
| | | |
| conexão (f) | koneksi | [koneksi] |
| velocidade (f) | kecepatan | [ketʃepatan] |
| modem (m) | modem | [modem] |
| acesso (m) | akses | [akses] |
| porta (f) | porta | [porta] |
| | | |
| conexão (f) | koneksi | [koneksi] |
| conetar (vi) | terhubung ke … | [tərhubuŋ ke …] |

| | | |
|---|---|---|
| escolher (vt) | **memilih** | [memilih] |
| buscar (vt) | **mencari ...** | [mənʧari ...] |

# Transportes

## 141. Avião

| | | |
|---|---|---|
| avião (m) | **pesawat terbang** | [pesawat tərbaŋ] |
| bilhete (m) de avião | **tiket pesawat terbang** | [tiket pesawat tərbaŋ] |
| companhia (f) aérea | **maskapai penerbangan** | [maskapaj penerbaŋan] |
| aeroporto (m) | **bandara** | [bandara] |
| supersónico | **supersonik** | [supersoniʔ] |
| | | |
| comandante (m) do avião | **kapten** | [kapten] |
| tripulação (f) | **awak** | [awaʔ] |
| piloto (m) | **pilot** | [pilot] |
| hospedeira (f) de bordo | **pramugari** | [pramugari] |
| copiloto (m) | **navigator, penavigasi** | [navigator], [penavigasi] |
| | | |
| asas (f pl) | **sayap** | [sajap] |
| cauda (f) | **ekor** | [ekor] |
| cabine (f) de pilotagem | **kokpit** | [kokpit] |
| motor (m) | **mesin** | [mesin] |
| trem (m) de aterragem | **roda pendarat** | [roda pendarat] |
| turbina (f) | **turbin** | [turbin] |
| | | |
| hélice (f) | **baling-baling** | [baliŋ-baliŋ] |
| caixa-preta (f) | **kotak hitam** | [kotaʔ hitam] |
| coluna (f) de controlo | **kemudi** | [kemudi] |
| combustível (m) | **bahan bakar** | [bahan bakar] |
| | | |
| instruções (f pl) de segurança | **instruksi keselamatan** | [instruksi keselamatan] |
| máscara (f) de oxigénio | **masker oksigen** | [masker oksigen] |
| uniforme (m) | **seragam** | [seragam] |
| | | |
| colete (m) salva-vidas | **jaket pelampung** | [dʒʲaket pelampuŋ] |
| paraquedas (m) | **parasut** | [parasut] |
| | | |
| descolagem (f) | **lepas landas** | [lepas landas] |
| descolar (vi) | **bertolak** | [bərtolaʔ] |
| pista (f) de descolagem | **jalur lepas landas** | [dʒʲalur lepas landas] |
| | | |
| visibilidade (f) | **visibilitas, pandangan** | [visibilitas], [pandaŋan] |
| voo (m) | **penerbangan** | [penerbaŋan] |
| | | |
| altura (f) | **ketinggian** | [ketiŋgian] |
| poço (m) de ar | **lubang udara** | [lubaŋ udara] |
| | | |
| assento (m) | **tempat duduk** | [tempat duduʔ] |
| auscultadores (m pl) | **headphone, fonkepala** | [headphone], [fonkepala] |
| mesa (f) rebatível | **meja lipat** | [medʒʲa lipat] |
| vigia (f) | **jendela pesawat** | [dʒʲendela pesawat] |
| passagem (f) | **lorong** | [loroŋ] |

# 142. Comboio

| | | |
|---|---|---|
| comboio (m) | kereta api | [kereta api] |
| comboio (m) suburbano | kereta api listrik | [kereta api listri'] |
| comboio (m) rápido | kereta api cepat | [kereta api ʧepat] |
| locomotiva (f) diesel | lokomotif diesel | [lokomotif disel] |
| locomotiva (f) a vapor | lokomotif uap | [lokomotif uap] |
| | | |
| carruagem (f) | gerbong penumpang | [gerboŋ penumpaŋ] |
| carruagem restaurante (f) | gerbong makan | [gerboŋ makan] |
| | | |
| carris (m pl) | rel | [rel] |
| caminho de ferro (m) | rel kereta api | [rel kereta api] |
| travessa (f) | bantalan rel | [bantalan rel] |
| | | |
| plataforma (f) | platform | [platform] |
| linha (f) | jalur | [dʒʲalur] |
| semáforo (m) | semafor | [semafor] |
| estação (f) | stasiun | [stasiun] |
| | | |
| maquinista (m) | masinis | [masinis] |
| bagageiro (m) | porter | [porter] |
| hospedeiro, -a (da carruagem) | kondektur | [kondektur] |
| passageiro (m) | penumpang | [penumpaŋ] |
| revisor (m) | kondektur | [kondektur] |
| | | |
| corredor (m) | koridor | [koridor] |
| freio (m) de emergência | rem darurat | [rem darurat] |
| compartimento (m) | kabin | [kabin] |
| cama (f) | bangku | [baŋku] |
| cama (f) de cima | bangku atas | [baŋku atas] |
| cama (f) de baixo | bangku bawah | [baŋku bawah] |
| roupa (f) de cama | kain kasur | [kain kasur] |
| | | |
| bilhete (m) | tiket | [tiket] |
| horário (m) | jadwal | [dʒʲadwal] |
| painel (m) de informação | layar informasi | [lajar informasi] |
| | | |
| partir (vt) | berangkat | [beraŋkat] |
| partida (f) | keberangkatan | [keberaŋkatan] |
| chegar (vi) | datang | [dataŋ] |
| chegada (f) | kedatangan | [kedataŋan] |
| | | |
| chegar de comboio | datang naik kereta api | [dataŋ naj' kereta api] |
| apanhar o comboio | naik ke kereta | [nai' ke kereta] |
| sair do comboio | turun dari kereta | [turun dari kereta] |
| | | |
| acidente (m) ferroviário | kecelakaan kereta | [keʧelaka'an kereta] |
| descarrilar (vi) | keluar rel | [keluar rel] |
| | | |
| locomotiva (f) a vapor | lokomotif uap | [lokomotif uap] |
| fogueiro (m) | juru api | [dʒʲuru api] |
| fornalha (f) | tungku | [tuŋku] |
| carvão (m) | batu bara | [batu bara] |

## 143. Barco

| | | |
|---|---|---|
| navio (m) | kapal | [kapal] |
| embarcação (f) | kapal | [kapal] |
| | | |
| vapor (m) | kapal uap | [kapal uap] |
| navio (m) | kapal api | [kapal api] |
| transatlântico (m) | kapal laut | [kapal laut] |
| cruzador (m) | kapal penjelajah | [kapal pendʒʲeladʒʲah] |
| | | |
| iate (m) | perahu pesiar | [pərahu pesiar] |
| rebocador (m) | kapal tunda | [kapal tunda] |
| barcaça (f) | tongkang | [toŋkaŋ] |
| ferry (m) | feri | [feri] |
| | | |
| veleiro (m) | kapal layar | [kapal lajar] |
| bergantim (m) | kapal brigantin | [kapal brigantin] |
| | | |
| quebra-gelo (m) | kapal pemecah es | [kapal pemetʃah es] |
| submarino (m) | kapal selam | [kapal selam] |
| | | |
| bote, barco (m) | perahu | [pərahu] |
| bote, dingue (m) | sekoci | [sekotʃi] |
| bote (m) salva-vidas | sekoci penyelamat | [sekotʃi penjelamat] |
| lancha (f) | perahu motor | [pərahu motor] |
| | | |
| capitão (m) | kapten | [kapten] |
| marinheiro (m) | kelasi | [kelasi] |
| marujo (m) | pelaut | [pelaut] |
| tripulação (f) | awak | [awaʔ] |
| | | |
| contramestre (m) | bosman, bosun | [bosman], [bosun] |
| grumete (m) | kadet laut | [kadet laut] |
| cozinheiro (m) de bordo | koki | [koki] |
| médico (m) de bordo | dokter kapal | [dokter kapal] |
| | | |
| convés (m) | dek | [deʔ] |
| mastro (m) | tiang | [tiaŋ] |
| vela (f) | layar | [lajar] |
| | | |
| porão (m) | lambung kapal | [lambuŋ kapal] |
| proa (f) | haluan | [haluan] |
| popa (f) | buritan | [buritan] |
| remo (m) | dayung | [dajuŋ] |
| hélice (f) | baling-baling | [baliŋ-baliŋ] |
| | | |
| camarote (m) | kabin | [kabin] |
| sala (f) dos oficiais | ruang rekreasi | [ruaŋ rekreasi] |
| sala (f) das máquinas | ruang mesin | [ruaŋ mesin] |
| ponte (m) de comando | anjungan kapal | [andʒʲuŋan kapal] |
| sala (f) de comunicações | ruang radio | [ruaŋ radio] |
| onda (f) de rádio | gelombang radio | [gelombaŋ radio] |
| diário (m) de bordo | buku harian kapal | [buku harian kapal] |
| luneta (f) | teropong | [təropoŋ] |
| sino (m) | lonceng | [lontʃeŋ] |

| bandeira (f) | bendera | [bendera] |
| cabo (m) | tali | [tali] |
| nó (m) | simpul | [simpul] |

| corrimão (m) | pegangan | [peɡaŋan] |
| prancha (f) de embarque | tangga kapal | [taŋga kapal] |

| âncora (f) | jangkar | [dʒʲaŋkar] |
| recolher a âncora | mengangkat jangkar | [mǝŋaŋkat dʒʲaŋkar] |
| lançar a âncora | menjatuhkan jangkar | [mǝndʒʲatuhkan dʒʲaŋkar] |
| amarra (f) | rantai jangkar | [rantaj dʒʲaŋkar] |

| porto (m) | pelabuhan | [pelabuhan] |
| cais, amarradouro (m) | dermaga | [dermaga] |
| atracar (vi) | merapat | [merapat] |
| desatracar (vi) | bertolak | [bǝrtolaʔ] |

| viagem (f) | pengembaraan | [peŋembaraʔan] |
| cruzeiro (m) | pesiar | [pesiar] |
| rumo (m), rota (f) | haluan | [haluan] |
| itinerário (m) | rute | [rute] |

| banco (m) de areia | beting | [betiŋ] |
| encalhar (vt) | kandas | [kandas] |

| tempestade (f) | badai | [badaj] |
| sinal (m) | sinyal | [sinjal] |
| afundar-se (vr) | tenggelam | [teŋgelam] |
| Homem ao mar! | Orang hanyut! | [oraŋ hanyut!] |
| SOS | SOS | [es-o-es] |
| boia (f) salva-vidas | pelampung penyelamat | [pelampuŋ penjelamat] |

## 144. Aeroporto

| aeroporto (m) | bandara | [bandara] |
| avião (m) | pesawat terbang | [pesawat tǝrbaŋ] |
| companhia (f) aérea | maskapai penerbangan | [maskapaj penerbaŋan] |
| controlador (m) de tráfego aéreo | pengawas lalu lintas udara | [peŋawas lalu lintas udara] |

| partida (f) | keberangkatan | [keberaŋkatan] |
| chegada (f) | kedatangan | [kedataŋan] |
| chegar (~ de avião) | datang | [dataŋ] |

| hora (f) de partida | waktu keberangkatan | [waktu keberaŋkatan] |
| hora (f) de chegada | waktu kedatangan | [waktu kedataŋan] |

| estar atrasado | terlambat | [tǝrlambat] |
| atraso (m) de voo | penundaan penerbangan | [penundaʔan penerbaŋan] |

| painel (m) de informação | papan informasi | [papan informasi] |
| informação (f) | informasi | [informasi] |
| anunciar (vt) | mengumumkan | [mǝŋumumkan] |
| voo (m) | penerbangan | [penerbaŋan] |

| alfândega (f) | pabean | [pabean] |
| funcionário (m) da alfândega | petugas pabean | [petugas pabean] |

| declaração (f) alfandegária | pernyataan pabean | [pərnjata'an pabean] |
| preencher (vt) | mengisi | [məŋisi] |
| preencher a declaração | mengisi formulir bea cukai | [məŋisi formulir bea tʃukaj] |
| controlo (m) de passaportes | pemeriksaan paspor | [pemeriksa'an paspor] |

| bagagem (f) | bagasi | [bagasi] |
| bagagem (f) de mão | jinjingan | [dʒindʒiŋan] |
| carrinho (m) | troli bagasi | [troli bagasi] |

| aterragem (f) | pendaratan | [pendaratan] |
| pista (f) de aterragem | jalur pendaratan | [dʒ'alur pendaratan] |
| aterrar (vi) | mendarat | [məndarat] |
| escada (f) de avião | tangga pesawat | [taŋga pesawat] |

| check-in (m) | check-in | [tʃekin] |
| balcão (m) do check-in | meja check-in | [medʒ'a tʃekin] |
| fazer o check-in | check-in | [tʃekin] |
| cartão (m) de embarque | kartu pas | [kartu pas] |
| porta (f) de embarque | gerbang keberangkatan | [gerbaŋ keberaŋkatan] |

| trânsito (m) | transit | [transit] |
| esperar (vi, vt) | menunggu | [mənuŋgu] |
| sala (f) de espera | ruang tunggu | [ruaŋ tuŋgu] |
| despedir-se de … | mengantar | [məŋantar] |
| despedir-se (vr) | berpamitan | [bərpamitan] |

## 145. Bicicleta. Motocicleta

| bicicleta (f) | sepeda | [sepeda] |
| scotter, lambreta (f) | skuter | [skuter] |
| mota (f) | sepeda motor | [sepeda motor] |

| ir de bicicleta | naik sepeda | [nai' sepeda] |
| guiador (m) | kemudi, setang | [kemudi], [setaŋ] |
| pedal (m) | pedal | [pedal] |
| travões (m pl) | rem | [rem] |
| selim (m) | sadel | [sadel] |

| bomba (f) de ar | pompa | [pompa] |
| porta-bagagens (m) | boncengan | [bontʃeŋan] |
| lanterna (f) | lampu depan, berko | [lampu depan], [bərko] |
| capacete (m) | helm | [helm] |

| roda (f) | roda | [roda] |
| guarda-lamas (m) | sayap roda | [sajap roda] |
| aro (m) | bingkai | [biŋkaj] |
| raio (m) | jari-jari, ruji | [dʒ'ari-dʒ'ari], [rudʒi] |

# Carros

## 146. Tipos de carros

| | | |
|---|---|---|
| carro, automóvel (m) | mobil | [mobil] |
| carro (m) desportivo | mobil sports | [mobil sports] |
| | | |
| limusine (f) | limusin | [limusin] |
| todo o terreno (m) | kendaraan lintas medan | [kendara'an lintas medan] |
| descapotável (m) | kabriolet | [kabriolet] |
| minibus (m) | minibus | [minibus] |
| | | |
| ambulância (f) | ambulans | [ambulans] |
| limpa-neve (m) | truk pembersih salju | [tru' pembersih saldʒiu] |
| | | |
| camião (m) | truk | [tru'] |
| camião-cisterna (m) | truk tangki | [tru' taŋki] |
| carrinha (f) | mobil van | [mobil van] |
| camião-trator (m) | truk semi trailer | [tra' semi treyler] |
| atrelado (m) | trailer | [treyler] |
| | | |
| confortável | nyaman | [njaman] |
| usado | bekas | [bekas] |

## 147. Carros. Carroçaria

| | | |
|---|---|---|
| capô (m) | kap | [kap] |
| guarda-lamas (m) | sepatbor | [sepatbor] |
| tejadilho (m) | atap | [atap] |
| | | |
| para-brisa (m) | kaca depan | [katʃa depan] |
| espelho (m) retrovisor | spion belakang | [spion belakaŋ] |
| lavador (m) | pencuci kaca | [pentʃutʃi katʃa] |
| limpa-para-brisas (m) | karet wiper | [karet wiper] |
| | | |
| vidro (m) lateral | jendela mobil | [dʒiendela mobil] |
| elevador (m) do vidro | pemutar jendela | [pemutar dʒiendela] |
| antena (f) | antena | [antena] |
| teto solar (m) | panel atap | [panel atap] |
| | | |
| para-choques (m pl) | bumper | [bumper] |
| bagageira (f) | bagasi mobil | [bagasi mobil] |
| bagageira (f) de tejadilho | rak bagasi atas | [ra' bagasi atas] |
| porta (f) | pintu | [pintu] |
| maçaneta (f) | gagang pintu | [gagaŋ pintu] |
| fechadura (f) | kunci | [kuntʃi] |
| matrícula (f) | pelat nomor | [pelat nomor] |
| silenciador (m) | peredam suara | [pəredam suara] |

| | | |
|---|---|---|
| tanque (m) de gasolina | **tangki bahan bakar** | [taŋki bahan bakar] |
| tubo (m) de escape | **knalpot** | [knalpot] |
| | | |
| acelerador (m) | **gas** | [gas] |
| pedal (m) | **pedal** | [pedal] |
| pedal (m) do acelerador | **pedal gas** | [pedal gas] |
| | | |
| travão (m) | **rem** | [rem] |
| pedal (m) do travão | **pedal rem** | [pedal rem] |
| travar (vt) | **mengerem** | [məŋerem] |
| travão (m) de mão | **rem tangan** | [rem taŋan] |
| | | |
| embraiagem (f) | **kopling** | [kopliŋ] |
| pedal (m) da embraiagem | **pedal kopling** | [pedal kopliŋ] |
| disco (m) de embraiagem | **pelat kopling** | [pelat kopliŋ] |
| amortecedor (m) | **peredam kejut** | [pəredam kedʒiut] |
| | | |
| roda (f) | **roda** | [roda] |
| pneu (m) sobresselente | **ban serep** | [ban serep] |
| pneu (m) | **ban** | [ban] |
| tampão (m) de roda | **dop** | [dop] |
| | | |
| rodas (f pl) motrizes | **roda penggerak** | [roda peŋgeraʔ] |
| de tração dianteira | **penggerak roda depan** | [peŋgeraʔ roda depan] |
| de tração traseira | **penggerak roda belakang** | [peŋgeraʔ roda belakaŋ] |
| de tração às 4 rodas | **penggerak roda empat** | [peŋgeraʔ roda empat] |
| | | |
| caixa (f) de mudanças | **transmisi, girboks** | [transmisi], [girboks] |
| automático | **otomatis** | [otomatis] |
| mecânico | **mekanis** | [mekanis] |
| alavanca (f) das mudanças | **tuas persneling** | [tuas pərsneliŋ] |
| | | |
| farol (m) | **lampu depan** | [lampu depan] |
| faróis, luzes | **lampu depan** | [lampu depan] |
| | | |
| médios (m pl) | **lampu dekat** | [lampu dekat] |
| máximos (m pl) | **lampu jauh** | [lampu dʒiauh] |
| luzes (f pl) de stop | **lampu rem** | [lampu rem] |
| | | |
| mínimos (m pl) | **lampu kecil** | [lampu ketʃil] |
| luzes (f pl) de emergência | **lampu bahaya** | [lampu bahaja] |
| faróis (m pl) antinevoeiro | **lampu kabut** | [lampu kabut] |
| pisca-pisca (m) | **lampu sein** | [lampu sein] |
| luz (f) de marcha atrás | **lampu belakang** | [lampu belakaŋ] |

## 148. Carros. Habitáculo

| | | |
|---|---|---|
| interior (m) do carro | **kabin, interior** | [kabin], [interior] |
| de couro, de pele | **kulit** | [kulit] |
| de veludo | **velour** | [velour] |
| estofos (m pl) | **pelapis jok** | [pelapis dʒoʔ] |
| | | |
| indicador (m) | **alat pengukur** | [alat peŋukur] |
| painel (m) de instrumentos | **dasbor** | [dasbor] |

| velocímetro (m) | spidometer | [spidometer] |
| ponteiro (m) | jarum | [dʒʲarum] |

| conta-quilómetros (m) | odometer | [odometer] |
| sensor (m) | indikator, sensor | [indikator], [sensor] |
| nível (m) | level | [level] |
| luz (f) avisadora | lampu indikator | [lampu indikator] |

| volante (m) | setir | [setir] |
| buzina (f) | klakson | [klakson] |
| botão (m) | tombol | [tombol] |
| interruptor (m) | tuas | [tuas] |

| assento (m) | jok | [dʒoʔ] |
| costas (f pl) do assento | sandaran | [sandaran] |
| cabeceira (f) | sandaran kepala | [sandaran kepala] |
| cinto (m) de segurança | sabuk pengaman | [sabuʔ peŋaman] |
| apertar o cinto | mengencangkan sabuk pengaman | [məŋentʃaŋkan sabuʔ peŋaman] |
| regulação (f) | penyetelan | [penjetelan] |

| airbag (m) | bantal udara | [bantal udara] |
| ar (m) condicionado | penyejuk udara | [penjedʒʲuʔ udara] |

| rádio (m) | radio | [radio] |
| leitor (m) de CD | pemutar CD | [pemutar si-di] |
| ligar (vt) | menyalakan | [mənjalakan] |
| antena (f) | antena | [antena] |
| porta-luvas (m) | laci depan | [latʃi depan] |
| cinzeiro (m) | asbak | [asbaʔ] |

## 149. Carros. Motor

| motor (m) | mesin | [mesin] |
| motor (m) | motor | [motor] |
| diesel | diesel | [disel] |
| a gasolina | bensin | [bensin] |

| cilindrada (f) | kapasitas mesin | [kapasitas mesin] |
| potência (f) | daya, tenaga | [daja], [tenaga] |
| cavalo-vapor (m) | tenaga kuda | [tenaga kuda] |
| pistão (m) | piston | [piston] |
| cilindro (m) | silinder | [silinder] |
| válvula (f) | katup | [katup] |

| injetor (m) | injektor | [indʒʲektor] |
| gerador (m) | generator | [generator] |
| carburador (m) | karburator | [karburator] |
| óleo (m) para motor | oli | [oli] |

| radiador (m) | radiator | [radiator] |
| refrigerante (m) | cairan pendingin | [tʃajran pendiɲin] |
| ventilador (m) | kipas angin | [kipas aɲin] |
| bateria (f) | aki | [aki] |

| dispositivo (m) de arranque | starter | [starter] |
| ignição (f) | pengapian | [peŋapian] |
| vela (f) de ignição | busi | [busi] |

| borne (m) | elektroda | [elektroda] |
| borne (m) positivo | terminal positif | [tərminal positif] |
| borne (m) negativo | terminal negatif | [tərminal negatif] |
| fusível (m) | sekering | [sekeriŋ] |

| filtro (m) de ar | filter udara | [filter udara] |
| filtro (m) de óleo | filter oli | [filter oli] |
| filtro (m) de combustível | filter bahan bakar | [filter bahan bakar] |

## 150. Carros. Batidas. Reparação

| acidente (m) de carro | kecelakaan mobil | [ketʃelaka²an mobil] |
| acidente (m) rodoviário | kecelakaan jalan raya | [ketʃelaka²an dʒ¡alan raja] |
| ir contra ... | menabrak | [mənabra²] |
| sofrer um acidente | mengalami kecelakaan | [məŋalami ketʃelaka²an] |
| danos (m pl) | kerusakan | [kerusakan] |
| intato | tidak tersentuh | [tida² tərsentuh] |

| avaria (no motor, etc.) | kerusakan | [kerusakan] |
| avariar (vi) | rusak | [rusa²] |
| cabo (m) de reboque | tali penyeret | [tali penjeret] |

| furo (m) | ban bocor | [ban botʃor] |
| estar furado | kempes | [kempes] |
| encher (vt) | memompa | [memompa] |
| pressão (f) | tekanan | [tekanan] |
| verificar (vt) | memeriksa | [memeriksa] |

| reparação (f) | reparasi | [reparasi] |
| oficina (f) | bengkel mobil | [beŋkel mobil] |
| de reparação de carros | | |
| peça (f) sobresselente | onderdil, suku cadang | [onderdil], [suku tʃadaŋ] |
| peça (f) | komponen | [komponen] |

| parafuso (m) | baut | [baut] |
| parafuso (m) | sekrup | [sekrup] |
| porca (f) | mur | [mur] |
| anilha (f) | ring | [riŋ] |
| rolamento (m) | bantalan luncur | [bantalan luntʃur] |

| tubo (m) | pipa | [pipa] |
| junta (f) | gasket | [gasket] |
| fio, cabo (m) | kabel, kawat | [kabel], [kawat] |

| macaco (m) | dongkrak | [doŋkra²] |
| chave (f) de boca | kunci pas | [kuntʃi pas] |
| martelo (m) | martil, palu | [martil], [palu] |
| bomba (f) | pompa | [pompa] |
| chave (f) de fendas | obeng | [obeŋ] |
| extintor (m) | pemadam api | [pemadam api] |

| triângulo (m) de emergência | segi tiga pengaman | [segi tiga peŋaman] |
|---|---|---|
| parar (vi) (motor) | mogok | [mogoʔ] |
| paragem (f) | mogok | [mogoʔ] |
| estar quebrado | rusak | [rusaʔ] |

| superaquecer-se (vr) | kepanasan | [kepanasan] |
|---|---|---|
| entupir-se (vr) | tersumbat | [tərsumbat] |
| congelar-se (vr) | membeku | [membeku] |
| rebentar (vi) | pecah | [petʃah] |

| pressão (f) | tekanan | [tekanan] |
|---|---|---|
| nível (m) | level | [level] |
| frouxo | longgar | [loŋgar] |

| mossa (f) | penyok | [penjoʔ] |
|---|---|---|
| ruído (m) | ketukan | [ketukan] |
| fissura (f) | retak | [retaʔ] |
| arranhão (m) | gores | [gores] |

## 151. Carros. Estrada

| estrada (f) | jalan | [dʒ'alan] |
|---|---|---|
| autoestrada (f) | jalan raya | [dʒ'alan raja] |
| rodovia (f) | jalan raya | [dʒ'alan raja] |
| direção (f) | arah | [arah] |
| distância (f) | jarak | [dʒ'araʔ] |

| ponte (f) | jembatan | [dʒ'embatan] |
|---|---|---|
| parque (m) de estacionamento | tempat parkir | [tempat parkir] |
| praça (f) | lapangan | [lapaŋan] |
| nó (m) rodoviário | jembatan simpang susun | [dʒ'embatan simpaŋ susun] |
| túnel (m) | terowongan | [tərowoŋan] |

| posto (m) de gasolina | SPBU, stasiun bensin | [es-pe-be-u], [stasjun bensin] |
|---|---|---|
| parque (m) de estacionamento | tempat parkir | [tempat parkir] |
| bomba (f) de gasolina | stasiun bahan bakar | [stasiun bahan bakar] |
| oficina (f) de reparação de carros | bengkel mobil | [beŋkel mobil] |
| abastecer (vt) | mengisi bahan bakar | [məŋisi bahan bakar] |
| combustível (m) | bahan bakar | [bahan bakar] |
| bidão (m) de gasolina | jeriken | [dʒ'eriken] |

| asfalto (m) | aspal | [aspal] |
|---|---|---|
| marcação (f) de estradas | penandaan jalan | [penanda'an dʒ'alan] |
| lancil (m) | kerb jalan | [kerb dʒ'alan] |
| proteção (f) guard-rail | pagar pematas | [pagar pematas] |
| valeta (f) | parit | [parit] |
| berma (f) da estrada | bahu jalan | [bahu dʒ'alan] |
| poste (m) de luz | tiang lampu | [tiaŋ lampu] |

| conduzir, guiar (vt) | menyetir | [mənjetir] |
|---|---|---|
| virar (ex. ~ à direita) | membelok | [membeloʔ] |
| dar retorno | memutar arah | [memutar arah] |
| marcha-atrás (f) | mundur | [mundur] |

| buzinar (vi) | membunyikan klakson | [membunjikan klakson] |
| buzina (f) | suara klakson | [suara klakson] |
| atolar-se (vr) | terjebak | [tərdʒⁱebaˀ] |
| patinar (na lama) | terjebak | [tərdʒⁱebaˀ] |
| desligar (vt) | mematikan | [mematikan] |
| | | |
| velocidade (f) | kecepatan | [ketʃepatan] |
| exceder a velocidade | melebihi batas kecepatan | [melebihi batas ketʃepatan] |
| multar (vt) | memberikan surat tilang | [memberikan surat tilaŋ] |
| semáforo (m) | lampu lalu lintas | [lampu lalu lintas] |
| carta (f) de condução | Surat Izin Mengemudi, SIM | [surat izin məŋemudi], [sim] |
| | | |
| passagem (f) de nível | lintasan | [lintasan] |
| cruzamento (m) | persimpangan | [pərsimpaŋan] |
| passadeira (f) | penyeberangan | [penjeberaŋan] |
| curva (f) | tikungan | [tikuŋan] |
| zona (f) pedonal | kawasan pejalan kaki | [kawasan pedʒⁱalan kaki] |

# PESSOAS. EVENTOS

## Eventos

### 152. Férias. Evento

| | | |
|---|---|---|
| festa (f) | perayaan | [pəraja'an] |
| festa (f) nacional | hari besar nasional | [hari besar nasional] |
| feriado (m) | hari libur | [hari libur] |
| festejar (vt) | merayakan | [merajakan] |
| | | |
| evento (festa, etc.) | peristiwa, kejadian | [pəristiwa], [kedʒ¡adian] |
| evento (banquete, etc.) | acara | [atʃara] |
| banquete (m) | banket | [banket] |
| receção (f) | resepsi | [resepsi] |
| festim (m) | pesta | [pesta] |
| | | |
| aniversário (m) | hari jadi, HUT | [hari dʒ¡adi], [ha-u-te] |
| jubileu (m) | yubileum | [yubileum] |
| celebrar (vt) | merayakan | [merajakan] |
| | | |
| Ano (m) Novo | Tahun Baru | [tahun baru] |
| Feliz Ano Novo! | Selamat Tahun Baru! | [selamat tahun baru!] |
| Pai (m) Natal | Sinterklas | [sinterklas] |
| | | |
| Natal (m) | Natal | [natal] |
| Feliz Natal! | Selamat Hari Natal! | [selamat hari natal!] |
| árvore (f) de Natal | pohon Natal | [pohon natal] |
| fogo (m) de artifício | kembang api | [kembaŋ api] |
| | | |
| boda (f) | pernikahan | [pərnikahan] |
| noivo (m) | mempelai lelaki | [mempelaj lelaki] |
| noiva (f) | mempelai perempuan | [mempelaj pərempuan] |
| | | |
| convidar (vt) | mengundang | [məŋundaŋ] |
| convite (m) | kartu undangan | [kartu undaŋan] |
| | | |
| convidado (m) | tamu | [tamu] |
| visitar (vt) | mengunjungi | [məŋundʒ¡uŋi] |
| receber os hóspedes | menyambut tamu | [mənjambut tamu] |
| | | |
| presente (m) | hadiah | [hadiah] |
| oferecer (vt) | memberi | [memberi] |
| receber presentes | menerima hadiah | [mənerima hadiah] |
| ramo (m) de flores | buket | [buket] |
| | | |
| felicitações (f pl) | ucapan selamat | [utʃapan selamat] |
| felicitar (dar os parabéns) | mengucapkan selamat | [məŋutʃapkan selamat] |
| cartão (m) de parabéns | kartu ucapan selamat | [kartu utʃapan selamat] |

| | | |
|---|---|---|
| enviar um postal | **mengirim kartu pos** | [məŋirim kartu pos] |
| receber um postal | **menerima kartu pos** | [mənerima kartu pos] |
| | | |
| brinde (m) | **toas** | [toas] |
| oferecer (vt) | **menawari** | [mənawari] |
| champanhe (m) | **sampanye** | [sampanje] |
| | | |
| divertir-se (vr) | **bersukaria** | [bərsukaria] |
| diversão (f) | **keriangan, kegembiraan** | [keriaŋan], [kegembiraʔan] |
| alegria (f) | **kegembiraan** | [kegembiraʔan] |
| | | |
| dança (f) | **dansa, tari** | [dansa], [tari] |
| dançar (vi) | **berdansa, menari** | [bərdansa], [menari] |
| | | |
| valsa (f) | **wals** | [wals] |
| tango (m) | **tango** | [taŋo] |

## 153. Funerais. Enterro

| | | |
|---|---|---|
| cemitério (m) | **pemakaman** | [pemakaman] |
| sepultura (f), túmulo (m) | **makam** | [makam] |
| cruz (f) | **salib** | [salib] |
| lápide (f) | **batu nisan** | [batu nisan] |
| cerca (f) | **pagar** | [pagar] |
| capela (f) | **kapel** | [kapel] |
| | | |
| morte (f) | **kematian** | [kematian] |
| morrer (vi) | **mati, meninggal** | [mati], [meniŋgal] |
| defunto (m) | **almarhum** | [almarhum] |
| luto (m) | **perkabungan** | [pərkabuŋan] |
| | | |
| enterrar, sepultar (vt) | **memakamkan** | [memakamkan] |
| agência (f) funerária | **rumah duka** | [rumah duka] |
| funeral (m) | **pemakaman** | [pemakaman] |
| | | |
| coroa (f) de flores | **karangan bunga** | [karaŋan buŋa] |
| caixão (m) | **keranda** | [keranda] |
| carro (m) funerário | **mobil jenazah** | [mobil dʒ'enazah] |
| mortalha (f) | **kain kafan** | [kain kafan] |
| | | |
| procissão (f) funerária | **prosesi pemakaman** | [prosesi pemakaman] |
| urna (f) funerária | **guci abu jenazah** | [gutʃi abu dʒ'enazah] |
| crematório (m) | **krematorium** | [krematorium] |
| | | |
| obituário (m), necrologia (f) | **obituarium** | [obituarium] |
| chorar (vi) | **menangis** | [mənaŋis] |
| soluçar (vi) | **meratap** | [meratap] |

## 154. Guerra. Soldados

| | | |
|---|---|---|
| pelotão (m) | **peleton** | [peleton] |
| companhia (f) | **kompi** | [kompi] |

| regimento (m) | resimen | [resimen] |
| exército (m) | tentara | [tentara] |
| divisão (f) | divisi | [divisi] |

| destacamento (m) | pasukan | [pasukan] |
| hoste (f) | tentara | [tentara] |

| soldado (m) | tentara, serdadu | [tentara], [serdadu] |
| oficial (m) | perwira | [pərwira] |

| soldado (m) raso | prajurit | [pradʒʲurit] |
| sargento (m) | sersan | [sersan] |
| tenente (m) | letnan | [letnan] |
| capitão (m) | kapten | [kapten] |
| major (m) | mayor | [major] |
| coronel (m) | kolonel | [kolonel] |
| general (m) | jenderal | [dʒʲenderal] |

| marujo (m) | pelaut | [pelaut] |
| capitão (m) | kapten | [kapten] |
| contramestre (m) | bosman, bosun | [bosman], [bosun] |

| artilheiro (m) | tentara artileri | [tentara artileri] |
| soldado (m) paraquedista | pasukan penerjun | [pasukan penerdʒʲun] |
| piloto (m) | pilot | [pilot] |
| navegador (m) | navigator, penavigasi | [navigator], [penavigasi] |
| mecânico (m) | mekanik | [mekaniʔ] |

| sapador (m) | pencari ranjau | [pentʃari randʒʲau] |
| paraquedista (m) | parasutis | [parasutis] |
| explorador (m) | pengintai | [peɲintaj] |
| franco-atirador (m) | penembak jitu | [penembaʔ dʒitu] |

| patrulha (f) | patroli | [patroli] |
| patrulhar (vt) | berpatroli | [bərpatroli] |
| sentinela (f) | pengawal | [peŋawal] |

| guerreiro (m) | prajurit | [pradʒʲurit] |
| patriota (m) | patriot | [patriot] |

| herói (m) | pahlawan | [pahlawan] |
| heroína (f) | pahlawan wanita | [pahlawan wanita] |

| traidor (m) | pengkhianat | [peɲhianat] |
| trair (vt) | mengkhianati | [məɲhianati] |

| desertor (m) | desertir | [desertir] |
| desertar (vt) | melakukan desersi | [melakukan desersi] |

| mercenário (m) | tentara bayaran | [tentara bajaran] |
| recruta (m) | rekrut, calon tentara | [rekrut], [tʃalon tentara] |
| voluntário (m) | sukarelawan | [sukarelawan] |

| morto (m) | korban meninggal | [korban meniŋgal] |
| ferido (m) | korban luka | [korban luka] |
| prisioneiro (m) de guerra | tawanan perang | [tawanan pəraŋ] |

## 155. Guerra. Ações militares. Parte 1

| | | |
|---|---|---|
| guerra (f) | perang | [peraŋ] |
| guerrear (vt) | berperang | [bərperaŋ] |
| guerra (f) civil | perang saudara | [pəraŋ saudara] |
| | | |
| perfidamente | secara curang | [setʃara tʃuraŋ] |
| declaração (f) de guerra | pernyataan perang | [pərnjata'an pəraŋ] |
| declarar (vt) guerra | menyatakan perang | [mənjatakan pəraŋ] |
| agressão (f) | agresi | [agresi] |
| atacar (vt) | menyerang | [mənjeraŋ] |
| | | |
| invadir (vt) | menduduki | [mənduduki] |
| invasor (m) | penduduk | [pendudu'] |
| conquistador (m) | penakluk | [penaklu'] |
| | | |
| defesa (f) | pertahanan | [pərtahanan] |
| defender (vt) | mempertahankan | [mempertahankan] |
| defender-se (vr) | bertahan ... | [bərtahan ...] |
| | | |
| inimigo (m) | musuh | [musuh] |
| adversário (m) | lawan | [lawan] |
| inimigo | musuh | [musuh] |
| | | |
| estratégia (f) | strategi | [strategi] |
| tática (f) | taktik | [takti'] |
| | | |
| ordem (f) | perintah | [pərintah] |
| comando (m) | perintah | [pərintah] |
| ordenar (vt) | memerintahkan | [memerintahkan] |
| missão (f) | tugas | [tugas] |
| secreto | rahasia | [rahasia] |
| | | |
| batalha (f) | pertempuran | [pərtempuran] |
| combate (m) | pertempuran | [pərtempuran] |
| | | |
| ataque (m) | serangan | [seraŋan] |
| assalto (m) | serbuan | [serbuan] |
| assaltar (vt) | menyerbu | [mənjerbu] |
| assédio, sítio (m) | kepungan | [kepuŋan] |
| | | |
| ofensiva (f) | serangan | [seraŋan] |
| passar à ofensiva | menyerang | [mənjeraŋ] |
| | | |
| retirada (f) | pengunduran | [peŋunduran] |
| retirar-se (vr) | mundur | [mundur] |
| | | |
| cerco (m) | pengepungan | [peŋepuŋan] |
| cercar (vt) | mengepung | [məŋepuŋ] |
| | | |
| bombardeio (m) | pengeboman | [peŋeboman] |
| lançar uma bomba | menjatuhkan bom | [məndʒatuhkan bom] |
| bombardear (vt) | mengebom | [məŋebom] |
| explosão (f) | ledakan | [ledakan] |
| tiro (m) | tembakan | [tembakan] |

| | | |
|---|---|---|
| disparar um tiro | melepaskan | [melepaskan] |
| tiroteio (m) | penembakan | [penembakan] |
| | | |
| apontar para ... | membidik | [membidiʔ] |
| apontar (vt) | mengarahkan | [məŋarahkan] |
| acertar (vt) | mengenai | [məŋenaj] |
| | | |
| afundar (um navio) | menenggelamkan | [mənəŋgelamkan] |
| brecha (f) | lubang | [lubaŋ] |
| afundar-se (vr) | karam | [karam] |
| | | |
| frente (m) | garis depan | [garis depan] |
| evacuação (f) | evakuasi | [evakuasi] |
| evacuar (vt) | mengevakuasi | [məŋevakuasi] |
| | | |
| trincheira (f) | parit perlindungan | [parit pərlinduŋan] |
| arame (m) farpado | kawat berduri | [kawat bərduri] |
| obstáculo (m) anticarro | rintangan | [rintaŋan] |
| torre (f) de vigia | menara | [mənara] |
| | | |
| hospital (m) | rumah sakit militer | [rumah sakit militer] |
| ferir (vt) | melukai | [melukaj] |
| ferida (f) | luka | [luka] |
| ferido (m) | korban luka | [korban luka] |
| ficar ferido | terluka | [tərluka] |
| grave (ferida ~) | parah | [parah] |

## 156. Armas

| | | |
|---|---|---|
| arma (f) | senjata | [sendʒata] |
| arma (f) de fogo | senjata api | [sendʒata api] |
| arma (f) branca | sejata tajam | [sedʒata tadʒam] |
| | | |
| arma (f) química | senjata kimia | [sendʒata kimia] |
| nuclear | nuklir | [nuklir] |
| arma (f) nuclear | senjata nuklir | [sendʒata nuklir] |
| | | |
| bomba (f) | bom | [bom] |
| bomba (f) atómica | bom atom | [bom atom] |
| | | |
| pistola (f) | pistol | [pistol] |
| caçadeira (f) | senapan | [senapan] |
| pistola-metralhadora (f) | senapan otomatis | [senapan otomatis] |
| metralhadora (f) | senapan mesin | [senapan mesin] |
| | | |
| boca (f) | moncong | [montʃoŋ] |
| cano (m) | laras | [laras] |
| calibre (m) | kaliber | [kaliber] |
| | | |
| gatilho (m) | pelatuk | [pelatuʔ] |
| mira (f) | pembidik | [pembidiʔ] |
| carregador (m) | magasin | [magasin] |
| coronha (f) | pantat senapan | [pantat senapan] |
| granada (f) de mão | granat tangan | [granat taŋan] |

| explosivo (m) | bahan peledak | [bahan peleda'] |
| bala (f) | peluru | [peluru] |
| cartucho (m) | patrun | [patrun] |
| carga (f) | isian | [isian] |
| munições (f pl) | amunisi | [amunisi] |

| bombardeiro (m) | pesawat pengebom | [pesawat peɲebom] |
| avião (m) de caça | pesawat pemburu | [pesawat pemburu] |
| helicóptero (m) | helikopter | [helikopter] |

| canhão (m) antiaéreo | meriam penangkis serangan udara | [meriam penaŋkis seraŋan udara] |
| tanque (m) | tank | [tan'] |
| canhão (de um tanque) | meriam tank | [meriam tan'] |

| artilharia (f) | artileri | [artileri] |
| canhão (m) | meriam | [meriam] |
| fazer a pontaria | mengarahkan | [məŋarahkan] |

| obus (m) | peluru | [peluru] |
| granada (f) de morteiro | peluru mortir | [peluru mortir] |
| morteiro (m) | mortir | [mortir] |
| estilhaço (m) | serpihan | [serpihan] |

| submarino (m) | kapal selam | [kapal selam] |
| torpedo (m) | torpedo | [torpedo] |
| míssil (m) | rudal | [rudal] |

| carregar (uma arma) | mengisi | [məŋisi] |
| atirar, disparar (vi) | menembak | [mənemba'] |
| apontar para … | membidik | [membidi'] |
| baioneta (f) | bayonet | [bajonet] |

| espada (f) | pedang rapier | [pedaŋ rapier] |
| sabre (m) | pedang saber | [pedaŋ saber] |
| lança (f) | lembing | [lembiŋ] |
| arco (m) | busur panah | [busur panah] |
| flecha (f) | anak panah | [ana' panah] |
| mosquete (m) | senapan lantak | [senapan lanta'] |
| besta (f) | busur silang | [busur silaŋ] |

## 157. Povos da antiguidade

| primitivo | primitif | [primitif] |
| pré-histórico | prasejarah | [prasedʒarah] |
| antigo | kuno | [kuno] |

| Idade (f) da Pedra | Zaman Batu | [zaman batu] |
| Idade (f) do Bronze | Zaman Perunggu | [zaman pərunggu] |
| período (m) glacial | Zaman Es | [zaman es] |

| tribo (f) | suku | [suku] |
| canibal (m) | kanibal | [kanibal] |
| caçador (m) | pemburu | [pemburu] |

| caçar (vi) | berburu | [bərburu] |
| mamute (m) | mamut | [mamut] |

| caverna (f) | gua | [gua] |
| fogo (m) | api | [api] |
| fogueira (f) | api unggun | [api uŋgun] |
| pintura (f) rupestre | lukisan gua | [lukisan gua] |

| ferramenta (f) | alat kerja | [alat kerdʒʲa] |
| lança (f) | tombak | [tombaʔ] |
| machado (m) de pedra | kapak batu | [kapaʔ batu] |
| guerrear (vt) | berperang | [bərperaŋ] |
| domesticar (vt) | menjinakkan | [məndʒinaʔkan] |

| ídolo (m) | berhala | [bərhala] |
| adorar, venerar (vt) | memuja | [memudʒʲa] |
| superstição (f) | takhayul | [tahajul] |
| ritual (m) | upacara | [upatʃara] |

| evolução (f) | evolusi | [evolusi] |
| desenvolvimento (m) | perkembangan | [pərkembaŋan] |
| desaparecimento (m) | kehilangan | [kehilaŋan] |
| adaptar-se (vr) | menyesuaikan diri | [mənjesuajkan diri] |

| arqueologia (f) | arkeologi | [arkeologi] |
| arqueólogo (m) | arkeolog | [arkeolog] |
| arqueológico | arkeologis | [arkeologis] |

| local (m) das escavações | situs ekskavasi | [situs ekskavasi] |
| escavações (f pl) | ekskavasi | [ekskavasi] |
| achado (m) | penemuan | [penemuan] |
| fragmento (m) | fragmen | [fragmen] |

## 158. Idade média

| povo (m) | rakyat | [rakjat] |
| povos (m pl) | bangsa-bangsa | [baŋsa-baŋsa] |
| tribo (f) | suku | [suku] |
| tribos (f pl) | suku-suku | [suku-suku] |

| bárbaros (m pl) | kaum barbar | [kaum barbar] |
| gauleses (m pl) | kaum Gaul | [kaum gaul] |
| godos (m pl) | kaum Goth | [kaum got] |
| eslavos (m pl) | kaum Slavia | [kaum slavia] |
| víquingues (m pl) | kaum Viking | [kaum vikiŋ] |

| romanos (m pl) | kaum Roma | [kaum roma] |
| romano | Romawi | [romawi] |

| bizantinos (m pl) | kaum Byzantium | [kaum bizantium] |
| Bizâncio | Byzantium | [bizantium] |
| bizantino | Byzantium | [bizantium] |
| imperador (m) | kaisar | [kajsar] |
| líder (m) | pemimpin | [pemimpin] |

| | | |
|---|---|---|
| poderoso | **adikuasa, berkuasa** | [adikuasa], [bərkuasa] |
| rei (m) | **raja** | [radʒˈa] |
| governante (m) | **penguasa** | [peŋuasa] |

| | | |
|---|---|---|
| cavaleiro (m) | **ksatria** | [ksatria] |
| senhor feudal (m) | **tuan** | [tuan] |
| feudal | **feodal** | [feodal] |
| vassalo (m) | **vasal** | [vasal] |

| | | |
|---|---|---|
| duque (m) | **duke** | [duke] |
| conde (m) | **earl** | [earl] |
| barão (m) | **baron** | [baron] |
| bispo (m) | **uskup** | [uskup] |

| | | |
|---|---|---|
| armadura (f) | **baju besi** | [badʒˈu besi] |
| escudo (m) | **perisai** | [perisaj] |
| espada (f) | **pedang** | [pedaŋ] |
| viseira (f) | **visor, topeng besi** | [visor], [topeŋ besi] |
| cota (f) de malha | **baju zirah** | [badʒˈu zirah] |

| | | |
|---|---|---|
| cruzada (f) | **Perang Salib** | [pəraŋ salib] |
| cruzado (m) | **kaum salib** | [kaum salib] |

| | | |
|---|---|---|
| território (m) | **wilayah** | [wilajah] |
| atacar (vt) | **menyerang** | [mənjeraŋ] |
| conquistar (vt) | **menaklukkan** | [mənakluˀkan] |
| ocupar, invadir (vt) | **menduduki** | [mənduduki] |

| | | |
|---|---|---|
| assédio, sítio (m) | **kepungan** | [kepuŋan] |
| sitiado | **terkepung** | [tərkepuŋ] |
| assediar, sitiar (vt) | **mengepung** | [məŋepuŋ] |

| | | |
|---|---|---|
| inquisição (f) | **inkuisisi** | [inkuisisi] |
| inquisidor (m) | **inkuisitor** | [inkuisitor] |
| tortura (f) | **siksaan** | [siksaˀan] |
| cruel | **kejam** | [kedʒˈam] |
| herege (m) | **penganut bidah** | [peŋanut bidah] |
| heresia (f) | **bidah** | [bidah] |

| | | |
|---|---|---|
| navegação (f) marítima | **pelayaran laut** | [pelajaran laut] |
| pirata (m) | **bajak laut** | [badʒˈaˀ laut] |
| pirataria (f) | **pembajakan** | [pembadʒˈakan] |
| abordagem (f) | **serangan terhadap kapal dari dekat** | [seraŋan tərhadap kapal dari dekat] |

| | | |
|---|---|---|
| presa (f), butim (m) | **rampasan** | [rampasan] |
| tesouros (m pl) | **harta karun** | [harta karun] |

| | | |
|---|---|---|
| descobrimento (m) | **penemuan** | [penemuan] |
| descobrir (novas terras) | **menemukan** | [mənemukan] |
| expedição (f) | **ekspedisi** | [ekspedisi] |

| | | |
|---|---|---|
| mosqueteiro (m) | **musketir** | [musketir] |
| cardeal (m) | **kardinal** | [kardinal] |
| heráldica (f) | **heraldik** | [heraldiˀ] |
| heráldico | **heraldik** | [heraldiˀ] |

## 159. Líder. Chefe. Autoridades

| | | |
|---|---|---|
| rei (m) | raja | [radʒia] |
| rainha (f) | ratu | [ratu] |
| real | kerajaan, raja | [keradʒia'an], [radʒia] |
| reino (m) | kerajaan | [keradʒia'an] |
| | | |
| príncipe (m) | pangeran | [paŋeran] |
| princesa (f) | putri | [putri] |
| | | |
| presidente (m) | presiden | [presiden] |
| vice-presidente (m) | wakil presiden | [wakil presiden] |
| senador (m) | senator | [senator] |
| | | |
| monarca (m) | monark | [monar'] |
| governante (m) | penguasa | [peŋuasa] |
| ditador (m) | diktator | [diktator] |
| tirano (m) | tiran | [tiran] |
| magnata (m) | magnat | [magnat] |
| | | |
| diretor (m) | direktur | [direktur] |
| chefe (m) | atasan | [atasan] |
| dirigente (m) | manajer | [manadʒier] |
| patrão (m) | bos | [bos] |
| dono (m) | pemilik | [pemili'] |
| | | |
| líder, chefe (m) | pemimpin | [pemimpin] |
| chefe (~ de delegação) | kepala | [kepala] |
| autoridades (f pl) | pihak berwenang | [piha' bərwenaŋ] |
| superiores (m pl) | atasan | [atasan] |
| | | |
| governador (m) | gabernur | [gabernur] |
| cônsul (m) | konsul | [konsul] |
| diplomata (m) | diplomat | [diplomat] |
| Presidente (m) da Câmara | walikota | [walikota] |
| xerife (m) | sheriff | [ʃeriff] |
| | | |
| imperador (m) | kaisar | [kajsar] |
| czar (m) | tsar, raja | [tsar], [radʒia] |
| faraó (m) | firaun | [firaun] |
| cã (m) | khan | [han] |

## 160. Viloação da lei. Criminosos. Parte 1

| | | |
|---|---|---|
| bandido (m) | bandit | [bandit] |
| crime (m) | kejahatan | [kedʒiahatan] |
| criminoso (m) | penjahat | [pendʒiahat] |
| | | |
| ladrão (m) | pencuri | [pentʃuri] |
| roubar (vt) | mencuri | [məntʃuri] |
| furto, roubo (m) | pencurian | [pentʃurian] |
| raptar (ex. ~ uma criança) | menculik | [məntʃuli'] |
| rapto (m) | penculikan | [pentʃulikan] |

| raptor (m) | penculik | [pentʃuliʔ] |
| resgate (m) | uang tebusan | [uaŋ tebusan] |
| pedir resgate | menuntut uang tebusan | [mənuntut uaŋ tebusan] |

| roubar (vt) | merampok | [merampoʔ] |
| assalto, roubo (m) | perampokan | [pərampokan] |
| assaltante (m) | perampok | [pərampoʔ] |

| extorquir (vt) | memeras | [memeras] |
| extorsionário (m) | pemeras | [pemeras] |
| extorsão (f) | pemerasan | [pemerasan] |

| matar, assassinar (vt) | membunuh | [membunuh] |
| homicídio (m) | pembunuhan | [pembunuhan] |
| homicida, assassino (m) | pembunuh | [pembunuh] |

| tiro (m) | tembakan | [tembakan] |
| dar um tiro | melepaskan | [melepaskan] |
| matar a tiro | menembak mati | [mənembaʔ mati] |
| atirar, disparar (vi) | menembak | [mənembaʔ] |
| tiroteio (m) | penembakan | [penembakan] |
| incidente (m) | insiden, kejadian | [insiden], [kedʒiadian] |
| briga (~ de rua) | perkelahian | [pərkelahian] |
| Socorro! | Tolong! | [toloŋ!] |
| vítima (f) | korban | [korban] |

| danificar (vt) | merusak | [merusaʔ] |
| dano (m) | kerusakan | [kerusakan] |
| cadáver (m) | jenazah, mayat | [dʒienazah], [majat] |
| grave | berat | [berat] |

| atacar (vt) | menyerang | [mənjeraŋ] |
| bater (espancar) | memukul | [memukul] |
| espancar (vt) | memukuli | [memukuli] |
| tirar, roubar (dinheiro) | merebut | [merebut] |
| esfaquear (vt) | menikam mati | [mənikam mati] |
| mutilar (vt) | mencederai | [məntʃederaj] |
| ferir (vt) | melukai | [melukaj] |

| chantagem (f) | pemerasan | [pemerasan] |
| chantagear (vt) | memeras | [memeras] |
| chantagista (m) | pemeras | [pemeras] |

| extorsão (em troca de proteção) | pemerasan | [pemerasan] |
| extorsionário (m) | pemeras | [pemeras] |
| gângster (m) | gangster, preman | [gaŋster], [preman] |
| máfia (f) | mafia | [mafia] |

| carteirista (m) | pencopet | [pentʃopet] |
| assaltante, ladrão (m) | perampok | [pərampoʔ] |
| contrabando (m) | penyelundupan | [penjelundupan] |
| contrabandista (m) | penyelundup | [penjelundup] |
| falsificação (f) | pemalsuan | [pemalsuan] |
| falsificar (vt) | memalsukan | [memalsukan] |
| falsificado | palsu | [palsu] |

## 161. Viloação da lei. Criminosos. Parte 2

| | | |
|---|---|---|
| violação (f) | pemerkosaan | [pemerkosaʔan] |
| violar (vt) | memerkosa | [memerkosa] |
| violador (m) | pemerkosa | [pemerkosa] |
| maníaco (m) | maniak | [maniaʔ] |
| | | |
| prostituta (f) | pelacur | [pelatʃur] |
| prostituição (f) | pelacuran | [pelatʃuran] |
| chulo (m) | germo | [germo] |
| | | |
| toxicodependente (m) | pecandu narkoba | [petʃandu narkoba] |
| traficante (m) | pengedar narkoba | [peŋedar narkoba] |
| | | |
| explodir (vt) | meledakkan | [meledaʔkan] |
| explosão (f) | ledakan | [ledakan] |
| incendiar (vt) | membakar | [membakar] |
| incendiário (m) | pelaku pembakaran | [pelaku pembakaran] |
| | | |
| terrorismo (m) | terorisme | [tərorisme] |
| terrorista (m) | teroris | [təroris] |
| refém (m) | sandera | [sandera] |
| | | |
| enganar (vt) | menipu | [mənipu] |
| engano (m) | penipuan | [penipuan] |
| vigarista (m) | penipu | [penipu] |
| | | |
| subornar (vt) | menyuap | [mənyuap] |
| suborno (atividade) | penyuapan | [penyuapan] |
| suborno (dinheiro) | uang suap, suapan | [uaŋ suap], [suapan] |
| | | |
| veneno (m) | racun | [ratʃun] |
| envenenar (vt) | meracuni | [meratʃuni] |
| envenenar-se (vr) | meracuni diri sendiri | [meratʃuni diri sendiri] |
| | | |
| suicídio (m) | bunuh diri | [bunuh diri] |
| suicida (m) | pelaku bunuh diri | [pelaku bunuh diri] |
| | | |
| ameaçar (vt) | mengancam | [məŋantʃam] |
| ameaça (f) | ancaman | [antʃaman] |
| atentar contra a vida de … | melakukan percobaan pembunuhan | [melakukan pərtʃobaʔan pembunuhan] |
| atentado (m) | percobaan pembunuhan | [pərtʃobaʔan pembunuhan] |
| | | |
| roubar (o carro) | mencuri | [məntʃuri] |
| desviar (o avião) | membajak | [membadʒʲaʔ] |
| | | |
| vingança (f) | dendam | [dendam] |
| vingar (vt) | membalas dendam | [membalas dendam] |
| | | |
| torturar (vt) | menyiksa | [mənjiksa] |
| tortura (f) | siksaan | [siksaʔan] |
| atormentar (vt) | menyiksa | [mənjiksa] |
| pirata (m) | bajak laut | [badʒʲaʔ laut] |
| desordeiro (m) | berandal | [bərandal] |

| armado | bersenjata | [bərsendʒʲata] |
| violência (f) | kekerasan | [kekerasan] |
| ilegal | ilegal | [ilegal] |

| espionagem (f) | spionase | [spionase] |
| espionar (vi) | memata-matai | [memata-mataj] |

## 162. Polícia. Lei. Parte 1

| justiça (f) | keadilan | [keadilan] |
| tribunal (m) | pengadilan | [peŋadilan] |

| juiz (m) | hakim | [hakɪm] |
| jurados (m pl) | anggota juri | [aŋgota dʒʲuri] |
| tribunal (m) do júri | pengadilan juri | [peŋadilan dʒʲuri] |
| julgar (vt) | mengadili | [məŋadili] |

| advogado (m) | advokat, pengacara | [advokat], [peŋatʃara] |
| réu (m) | terdakwa | [tərdakwa] |
| banco (m) dos réus | bangku terdakwa | [baŋku tərdakwa] |

| acusação (f) | tuduhan | [tuduhan] |
| acusado (m) | terdakwa | [tərdakwa] |

| sentença (f) | hukuman | [hukuman] |
| sentenciar (vt) | menjatuhkan hukuman | [məndʒʲatuhkan hukuman] |

| culpado (m) | bersalah | [bərsalah] |
| punir (vt) | menghukum | [məŋhukum] |
| punição (f) | hukuman | [hukuman] |

| multa (f) | denda | [denda] |
| prisão (f) perpétua | penjara seumur hidup | [pendʒʲara seumur hidup] |
| pena (f) de morte | hukuman mati | [hukuman mati] |
| cadeira (f) elétrica | kursi listrik | [kursi listriʔ] |
| forca (f) | tiang gantungan | [tiaŋ gantuŋan] |

| executar (vt) | menjalankan hukuman mati | [məndʒʲalankan hukuman mati] |
| execução (f) | hukuman mati | [hukuman mati] |

| prisão (f) | penjara | [pendʒʲara] |
| cela (f) de prisão | sel | [sel] |

| escolta (f) | pengawal | [peŋawal] |
| guarda (m) prisional | sipir, penjaga penjara | [sipir], [pendʒʲaga pendʒʲara] |
| preso (m) | tahanan | [tahanan] |

| algemas (f pl) | borgol | [borgol] |
| algemar (vt) | memborgol | [memborgol] |

| fuga, evasão (f) | pelarian | [pelarian] |
| fugir (vi) | melarikan diri | [melarikan diri] |
| desaparecer (vi) | menghilang | [məŋhilaŋ] |

| soltar, libertar (vt) | membebaskan | [membebaskan] |
| amnistia (f) | amnesti | [amnesti] |

| polícia (instituição) | polisi, kepolisian | [polisi], [kepolisian] |
| polícia (m) | polisi | [polisi] |
| esquadra (f) de polícia | kantor polisi | [kantor polisi] |
| cassetete (m) | pentungan karet | [pentuŋan karet] |
| megafone (m) | pengeras suara | [peŋeras suara] |

| carro (m) de patrulha | mobil patroli | [mobil patroli] |
| sirene (f) | sirene | [sirene] |
| ligar a sirene | membunyikan sirene | [membunjikan sirene] |
| toque (m) da sirene | suara sirene | [suara sirene] |

| cena (f) do crime | tempat kejadian perkara | [tempat kedʒʲadian pərkara] |
| testemunha (f) | saksi | [saksi] |
| liberdade (f) | kebebasan | [kebebasan] |
| cúmplice (m) | kaki tangan | [kaki taŋan] |
| escapar (vi) | melarikan diri | [melarikan diri] |
| traço (não deixar ~s) | jejak | [dʒʲedʒʲaʔ] |

## 163. Polícia. Lei. Parte 2

| procura (f) | pencarian | [pentʃarian] |
| procurar (vt) | mencari ... | [məntʃari ...] |
| suspeita (f) | kecurigaan | [ketʃuriga'an] |
| suspeito | mencurigakan | [məntʃurigakan] |
| parar (vt) | menghentikan | [məŋhentikan] |
| deter (vt) | menahan | [mənahan] |

| caso (criminal) | kasus, perkara | [kasus], [pərkara] |
| investigação (f) | investigasi, penyidikan | [investigasi], [penjidikan] |
| detetive (m) | detektif | [detektif] |
| investigador (m) | penyidik | [penjidiʔ] |
| versão (f) | hipotesis | [hipotesis] |

| motivo (m) | motif | [motif] |
| interrogatório (m) | interogasi | [interogasi] |
| interrogar (vt) | menginterogasi | [məŋinterogasi] |
| questionar (vt) | menanyai | [mənanjaj] |
| verificação (f) | pemeriksaan | [pemeriksa'an] |

| batida (f) policial | razia | [razia] |
| busca (f) | penggeledahan | [peŋgeledahan] |
| perseguição (f) | pengejaran, perburuan | [peŋedʒʲaran], [pərburuan] |
| perseguir (vt) | mengejar | [məŋedʒʲar] |
| seguir (vt) | melacak | [melatʃaʔ] |

| prisão (f) | penahanan | [penahanan] |
| prender (vt) | menahan | [mənahan] |
| pegar, capturar (vt) | menangkap | [mənaŋkap] |
| captura (f) | penangkapan | [penaŋkapan] |
| documento (m) | dokumen | [dokumen] |
| prova (f) | bukti | [bukti] |

| provar (vt) | membuktikan | [membuktikan] |
| pegada (f) | jejak | [dʒˈedʒˈaʔ] |
| impressões (f pl) digitais | sidik jari | [sidiʔ dʒˈari] |
| prova (f) | barang bukti | [baraŋ bukti] |

| álibi (m) | alibi | [alibi] |
| inocente | tidak bersalah | [tidaʔ bərsalah] |
| injustiça (f) | ketidakadilan | [ketidakadilan] |
| injusto | tidak adil | [tidaʔ adil] |

| criminal | pidana | [pidana] |
| confiscar (vt) | menyita | [mənjita] |
| droga (f) | narkoba | [narkoba] |
| arma (f) | senjata | [sendʒˈata] |
| desarmar (vt) | melucuti | [melutʃuti] |
| ordenar (vt) | memerintahkan | [memerintahkan] |
| desaparecer (vi) | menghilang | [mənhilaŋ] |

| lei (f) | hukum | [hukum] |
| legal | sah | [sah] |
| ilegal | tidak sah | [tidaʔ sah] |

| responsabilidade (f) | tanggung jawab | [taŋguŋ dʒˈawab] |
| responsável | bertanggung jawab | [bərtaŋguŋ dʒˈawab] |

# NATUREZA

## A Terra. Parte 1

### 164. Espaço sideral

| | | |
|---|---|---|
| cosmos (m) | angkasa | [aŋkasa] |
| cósmico | angkasa | [aŋkasa] |
| espaço (m) cósmico | ruang angkasa | [ruaŋ aŋkasa] |
| mundo (m) | dunia | [dunia] |
| universo (m) | jagat raya | [dʒ'agat raja] |
| galáxia (f) | galaksi | [galaksi] |
| | | |
| estrela (f) | bintang | [bintaŋ] |
| constelação (f) | gugusan bintang | [gugusan bintaŋ] |
| planeta (m) | planet | [planet] |
| satélite (m) | satelit | [satelit] |
| | | |
| meteorito (m) | meteorit | [meteorit] |
| cometa (m) | komet | [komet] |
| asteroide (m) | asteroid | [asteroid] |
| | | |
| órbita (f) | orbit | [orbit] |
| girar (vi) | berputar | [bərputar] |
| atmosfera (f) | atmosfer | [atmosfer] |
| | | |
| Sol (m) | matahari | [matahari] |
| Sistema (m) Solar | tata surya | [tata surja] |
| eclipse (m) solar | gerhana matahari | [gerhana matahari] |
| | | |
| Terra (f) | Bumi | [bumi] |
| Lua (f) | Bulan | [bulan] |
| | | |
| Marte (m) | Mars | [mars] |
| Vénus (f) | Venus | [venus] |
| Júpiter (m) | Yupiter | [yupiter] |
| Saturno (m) | Saturnus | [saturnus] |
| | | |
| Mercúrio (m) | Merkurius | [merkurius] |
| Urano (m) | Uranus | [uranus] |
| Neptuno (m) | Neptunus | [neptunus] |
| Plutão (m) | Pluto | [pluto] |
| | | |
| Via Láctea (f) | Bimasakti | [bimasakti] |
| Ursa Maior (f) | Ursa Major | [ursa madʒor] |
| Estrela Polar (f) | Bintang Utara | [bintaŋ utara] |
| | | |
| marciano (m) | makhluk Mars | [mahlu' mars] |
| extraterrestre (m) | makhluk ruang angkasa | [mahlu' ruaŋ aŋkasa] |

| | | |
|---|---|---|
| alienígena (m) | alien, makhluk asing | [alien], [mahlu' asiŋ] |
| disco (m) voador | piring terbang | [piriŋ tərbaŋ] |
| | | |
| nave (f) espacial | kapal antariksa | [kapal antariksa] |
| estação (f) orbital | stasiun antariksa | [stasiun antariksa] |
| lançamento (m) | peluncuran | [peluntʃuran] |
| | | |
| motor (m) | mesin | [mesin] |
| bocal (m) | nosel | [nosel] |
| combustível (m) | bahan bakar | [bahan bakar] |
| | | |
| cabine (f) | kokpit | [kokpit] |
| antena (f) | antena | [antena] |
| vigia (f) | jendela | [dʒˈendela] |
| bateria (f) solar | sel surya | [sel surja] |
| traje (m) espacial | pakaian antariksa | [pakajan antariksa] |
| | | |
| imponderabilidade (f) | keadaan tanpa bobot | [keada'an tanpa bobot] |
| oxigénio (m) | oksigen | [oksigen] |
| | | |
| acoplagem (f) | penggabungan | [peŋgabuŋan] |
| fazer uma acoplagem | bergabung | [bərgabuŋ] |
| | | |
| observatório (m) | observatorium | [observatorium] |
| telescópio (m) | teleskop | [teleskop] |
| observar (vt) | mengamati | [məŋamati] |
| explorar (vt) | mengeksplorasi | [məŋeksplorasi] |

## 165. A Terra

| | | |
|---|---|---|
| Terra (f) | Bumi | [bumi] |
| globo terrestre (Terra) | bola Bumi | [bola bumi] |
| planeta (m) | planet | [planet] |
| | | |
| atmosfera (f) | atmosfer | [atmosfer] |
| geografia (f) | geografi | [geografi] |
| natureza (f) | alam | [alam] |
| | | |
| globo (mapa esférico) | globe | [globe] |
| mapa (m) | peta | [peta] |
| atlas (m) | atlas | [atlas] |
| | | |
| Europa (f) | Eropa | [eropa] |
| Ásia (f) | Asia | [asia] |
| | | |
| África (f) | Afrika | [afrika] |
| Austrália (f) | Australia | [australia] |
| | | |
| América (f) | Amerika | [amerika] |
| América (f) do Norte | Amerika Utara | [amerika utara] |
| América (f) do Sul | Amerika Selatan | [amerika selatan] |
| | | |
| Antártida (f) | Antartika | [antartika] |
| Ártico (m) | Arktika | [arktika] |

## 166. Pontos cardeais

| | | |
|---|---|---|
| norte (m) | **utara** | [utara] |
| para norte | **ke utara** | [ke utara] |
| no norte | **di utara** | [di utara] |
| do norte | **utara** | [utara] |
| | | |
| sul (m) | **selatan** | [selatan] |
| para sul | **ke selatan** | [ke selatan] |
| no sul | **di selatan** | [di selatan] |
| do sul | **selatan** | [selatan] |
| | | |
| oeste, ocidente (m) | **barat** | [barat] |
| para oeste | **ke barat** | [ke barat] |
| no oeste | **di barat** | [di barat] |
| ocidental | **barat** | [barat] |
| | | |
| leste, oriente (m) | **timur** | [timur] |
| para leste | **ke timur** | [ke timur] |
| no leste | **di timur** | [di timur] |
| oriental | **timur** | [timur] |

## 167. Mar. Oceano

| | | |
|---|---|---|
| mar (m) | **laut** | [laut] |
| oceano (m) | **samudra** | [samudra] |
| golfo (m) | **teluk** | [teluʔ] |
| estreito (m) | **selat** | [selat] |
| | | |
| terra (f) firme | **daratan** | [daratan] |
| continente (m) | **benua** | [benua] |
| | | |
| ilha (f) | **pulau** | [pulau] |
| península (f) | **semenanjung, jazirah** | [semenandʒˈuŋ], [dʒˈazirah] |
| arquipélago (m) | **kepulauan** | [kepulauan] |
| | | |
| baía (f) | **teluk** | [teluʔ] |
| porto (m) | **pelabuhan** | [pelabuhan] |
| lagoa (f) | **laguna** | [laguna] |
| cabo (m) | **tanjung** | [tandʒˈuŋ] |
| | | |
| atol (m) | **pulau karang** | [pulau karaŋ] |
| recife (m) | **terumbu** | [terumbu] |
| coral (m) | **karang** | [karaŋ] |
| recife (m) de coral | **terumbu karang** | [terumbu karaŋ] |
| | | |
| profundo | **dalam** | [dalam] |
| profundidade (f) | **kedalaman** | [kedalaman] |
| abismo (m) | **jurang** | [dʒˈuraŋ] |
| fossa (f) oceânica | **palung** | [paluŋ] |
| | | |
| corrente (f) | **arus** | [arus] |
| banhar (vt) | **berbatasan dengan** | [berbatasan deŋan] |

| litoral (m) | pantai | [pantaj] |
| costa (f) | pantai | [pantaj] |

| maré (f) alta | air pasang | [air pasaŋ] |
| refluxo (m), maré (f) baixa | air surut | [air surut] |
| restinga (f) | beting | [betiŋ] |
| fundo (m) | dasar | [dasar] |

| onda (f) | gelombang | [gelombaŋ] |
| crista (f) da onda | puncak gelombang | [puntʃaʔ gelombaŋ] |
| espuma (f) | busa, buih | [busa], [buih] |

| tempestade (f) | badai | [badaj] |
| furacão (m) | topan | [topan] |
| tsunami (m) | tsunami | [tsunami] |
| calmaria (f) | angin tenang | [aŋin tenaŋ] |
| calmo | tenang | [tenaŋ] |

| polo (m) | kutub | [kutub] |
| polar | kutub | [kutub] |

| latitude (f) | lintang | [lintaŋ] |
| longitude (f) | garis bujur | [garis budʒ'ur] |
| paralela (f) | sejajar | [sedʒ'adʒ'ar] |
| equador (m) | khatulistiwa | [hatulistiwa] |

| céu (m) | langit | [laŋit] |
| horizonte (m) | horizon | [horizon] |
| ar (m) | udara | [udara] |

| farol (m) | mercusuar | [mertʃusuar] |
| mergulhar (vi) | menyelam | [mənjelam] |
| afundar-se (vr) | karam | [karam] |
| tesouros (m pl) | harta karun | [harta karun] |

## 168. Montanhas

| montanha (f) | gunung | [gunuŋ] |
| cordilheira (f) | jajaran gunung | [dʒ'adʒ'aran gunuŋ] |
| serra (f) | sisir gunung | [sisir gunuŋ] |

| cume (m) | puncak | [puntʃaʔ] |
| pico (m) | puncak | [puntʃaʔ] |
| sopé (m) | kaki | [kaki] |
| declive (m) | lereng | [lereŋ] |

| vulcão (m) | gunung api | [gunuŋ api] |
| vulcão (m) ativo | gunung api yang aktif | [gunuŋ api yaŋ aktif] |
| vulcão (m) extinto | gunung api yang tidak aktif | [gunuŋ api yaŋ tidaʔ aktif] |

| erupção (f) | erupsi, letusan | [erupsi], [letusan] |
| cratera (f) | kawah | [kawah] |
| magma (m) | magma | [magma] |
| lava (f) | lava, lahar | [lava], [lahar] |

| | | |
|---|---|---|
| fundido (lava ~a) | **pijar** | [pidʒiar] |
| desfiladeiro (m) | **kanyon** | [kanjon] |
| garganta (f) | **jurang** | [dʒiuraŋ] |
| fenda (f) | **celah** | [tʃelah] |
| precipício (m) | **jurang** | [dʒiuraŋ] |
| | | |
| passo, colo (m) | **pass, celah** | [pass], [tʃelah] |
| planalto (m) | **plato, dataran tinggi** | [plato], [dataran tiŋgi] |
| falésia (f) | **tebing** | [tebiŋ] |
| colina (f) | **bukit** | [bukit] |
| | | |
| glaciar (m) | **gletser** | [gletser] |
| queda (f) d'água | **air terjun** | [air tərdʒiun] |
| géiser (m) | **geiser** | [geyser] |
| lago (m) | **danau** | [danau] |
| | | |
| planície (f) | **dataran** | [dataran] |
| paisagem (f) | **landskap** | [landskap] |
| eco (m) | **gema** | [gema] |
| | | |
| alpinista (m) | **pendaki gunung** | [pendaki gunuŋ] |
| escalador (m) | **pemanjat tebing** | [pemandʒiat tebiŋ] |
| conquistar (vt) | **menaklukkan** | [mənakluʔkan] |
| subida, escalada (f) | **pendakian** | [pendakian] |

## 169. Rios

| | | |
|---|---|---|
| rio (m) | **sungai** | [suŋaj] |
| fonte, nascente (f) | **mata air** | [mata air] |
| leito (m) do rio | **badan sungai** | [badan suŋaj] |
| bacia (f) | **basin** | [basin] |
| desaguar no ... | **mengalir ke ...** | [məŋalir ke ...] |
| | | |
| afluente (m) | **anak sungai** | [ana' suŋaj] |
| margem (do rio) | **tebing sungai** | [tebiŋ suŋaj] |
| | | |
| corrente (f) | **arus** | [arus] |
| rio abaixo | **ke hilir** | [ke hilir] |
| rio acima | **ke hulu** | [ke hulu] |
| | | |
| inundação (f) | **banjir** | [bandʒir] |
| cheia (f) | **banjir** | [bandʒir] |
| transbordar (vi) | **membanjiri** | [membandʒiri] |
| inundar (vt) | **membanjiri** | [membandʒiri] |
| | | |
| banco (m) de areia | **beting** | [betiŋ] |
| rápidos (m pl) | **jeram** | [dʒieram] |
| | | |
| barragem (f) | **dam, bendungan** | [dam], [benduŋan] |
| canal (m) | **kanal, terusan** | [kanal], [tərusan] |
| reservatório (m) de água | **waduk** | [waduʔ] |
| eclusa (f) | **pintu air** | [pintu air] |
| corpo (m) de água | **kolam** | [kolam] |
| pântano (m) | **rawa** | [rawa] |

| | | |
|---|---|---|
| tremedal (m) | **bencah, paya** | [bentʃah], [paja] |
| remoinho (m) | **pusaran air** | [pusaran air] |
| | | |
| arroio, regato (m) | **selokan** | [selokan] |
| potável | **minum** | [minum] |
| doce (água) | **tawar** | [tawar] |
| | | |
| gelo (m) | **es** | [es] |
| congelar-se (vr) | **membeku** | [membeku] |

## 170. Floresta

| | | |
|---|---|---|
| floresta (f), bosque (m) | **hutan** | [hutan] |
| florestal | **hutan** | [hutan] |
| | | |
| mata (f) cerrada | **hutan lebat** | [hutan lebat] |
| arvoredo (m) | **hutan kecil** | [hutan ketʃil] |
| clareira (f) | **pembukaan hutan** | [pembukaʔan hutan] |
| | | |
| matagal (m) | **semak belukar** | [semaʔ belukar] |
| mato (m) | **belukar** | [belukar] |
| | | |
| vereda (f) | **jalan setapak** | [dʒʲalan setapaʔ] |
| ravina (f) | **parit** | [parit] |
| | | |
| árvore (f) | **pohon** | [pohon] |
| folha (f) | **daun** | [daun] |
| folhagem (f) | **daun-daunan** | [daun-daunan] |
| | | |
| queda (f) das folhas | **daun berguguran** | [daun bərguguran] |
| cair (vi) | **luruh** | [luruh] |
| topo (m) | **puncak** | [puntʃaʔ] |
| | | |
| ramo (m) | **cabang** | [tʃabaŋ] |
| galho (m) | **dahan** | [dahan] |
| botão, rebento (m) | **tunas** | [tunas] |
| agulha (f) | **daun jarum** | [daun dʒʲarum] |
| pinha (f) | **buah pinus** | [buah pinus] |
| | | |
| buraco (m) de árvore | **lubang pohon** | [lubaŋ pohon] |
| ninho (m) | **sarang** | [saraŋ] |
| toca (f) | **lubang** | [lubaŋ] |
| | | |
| tronco (m) | **batang** | [bataŋ] |
| raiz (f) | **akar** | [akar] |
| casca (f) de árvore | **kulit** | [kulit] |
| musgo (m) | **lumut** | [lumut] |
| | | |
| arrancar pela raiz | **mencabut** | [məntʃabut] |
| cortar (vt) | **menebang** | [mənebaŋ] |
| desflorestar (vt) | **deforestasi, penggundulan hutan** | [deforestasi], [pəŋgundulan hutan] |
| toco, cepo (m) | **tunggul** | [tuŋgul] |
| fogueira (f) | **api unggun** | [api uŋgun] |

| incêndio (m) florestal | kebakaran hutan | [kebakaran hutan] |
| apagar (vt) | memadamkan | [memadamkan] |

| guarda-florestal (m) | penjaga hutan | [pendʒaga hutan] |
| proteção (f) | perlindungan | [pərlinduŋan] |
| proteger (a natureza) | melindungi | [melinduŋi] |
| caçador (m) furtivo | pemburu ilegal | [pemburu ilegal] |
| armadilha (f) | perangkap | [pəraŋkap] |

| colher (cogumelos, bagas) | memetik | [memetiʔ] |
| perder-se (vr) | tersesat | [tərsesat] |

## 171. Recursos naturais

| recursos (m pl) naturais | sumber daya alam | [sumber daja alam] |
| minerais (m pl) | bahan tambang | [bahan tambaŋ] |
| depósitos (m pl) | endapan | [endapan] |
| jazida (f) | ladang | [ladaŋ] |

| extrair (vt) | menambang | [mənambaŋ] |
| extração (f) | pertambangan | [pərtambaŋan] |
| minério (m) | bijih | [bidʒih] |
| mina (f) | tambang | [tambaŋ] |
| poço (m) de mina | sumur tambang | [sumur tambaŋ] |
| mineiro (m) | penambang | [penambaŋ] |

| gás (m) | gas | [gas] |
| gasoduto (m) | pipa saluran gas | [pipa saluran gas] |

| petróleo (m) | petroleum, minyak | [petroleum], [minjaʔ] |
| oleoduto (m) | pipa saluran minyak | [pipa saluran minjaʔ] |
| poço (m) de petróleo | sumur minyak | [sumur minjaʔ] |
| torre (f) petrolífera | menara bor minyak | [mənara bor minjaʔ] |
| petroleiro (m) | kapal tangki | [kapal taŋki] |

| areia (f) | pasir | [pasir] |
| calcário (m) | batu kapur | [batu kapur] |
| cascalho (m) | kerikil | [kerikil] |
| turfa (f) | gambut | [gambut] |
| argila (f) | tanah liat | [tanah liat] |
| carvão (m) | arang | [araŋ] |

| ferro (m) | besi | [besi] |
| ouro (m) | emas | [emas] |
| prata (f) | perak | [peraʔ] |
| níquel (m) | nikel | [nikel] |
| cobre (m) | tembaga | [tembaga] |

| zinco (m) | seng | [seŋ] |
| manganês (m) | mangan | [maŋan] |
| mercúrio (m) | air raksa | [air raksa] |
| chumbo (m) | timbal | [timbal] |
| mineral (m) | mineral | [mineral] |
| cristal (m) | kristal, hablur | [kristal], [hablur] |

| | | |
|---|---|---|
| mármore (m) | **marmer** | [marmer] |
| urânio (m) | **uranium** | [uranium] |

# A Terra. Parte 2

## 172. Tempo

| | | |
|---|---|---|
| tempo (m) | cuaca | [ʧuaʧa] |
| previsão (f) do tempo | prakiraan cuaca | [prakiraˀan ʧuaʧa] |
| temperatura (f) | temperatur, suhu | [temperatur], [suhu] |
| termómetro (m) | termometer | [tərmometər] |
| barómetro (m) | barometer | [barometer] |
| | | |
| húmido | lembap | [lembap] |
| humidade (f) | kelembapan | [kelembapan] |
| | | |
| calor (m) | panas, gerah | [panas], [gerah] |
| cálido | panas terik | [panas təriˀ] |
| está muito calor | panas | [panas] |
| | | |
| está calor | hangat | [haŋat] |
| quente | hangat | [haŋat] |
| | | |
| está frio | dingin | [diŋin] |
| frio | dingin | [diŋin] |
| | | |
| sol (m) | matahari | [matahari] |
| brilhar (vi) | bersinar | [bərsinar] |
| de sol, ensolarado | cerah | [ʧerah] |
| nascer (vi) | terbit | [terbit] |
| pôr-se (vr) | terbenam | [tərbenam] |
| | | |
| nuvem (f) | awan | [awan] |
| nublado | berawan | [bərawan] |
| nuvem (f) preta | awan mendung | [awan menduŋ] |
| escuro, cinzento | mendung | [menduŋ] |
| | | |
| chuva (f) | hujan | [huʤ<sup>j</sup>an] |
| está a chover | hujan turun | [huʤ<sup>j</sup>an turun] |
| chuvoso | hujan | [huʤ<sup>j</sup>an] |
| chuviscar (vi) | gerimis | [gerimis] |
| | | |
| chuva (f) torrencial | hujan lebat | [huʤ<sup>j</sup>an lebat] |
| chuvada (f) | hujan lebat | [huʤ<sup>j</sup>an lebat] |
| forte (chuva) | lebat | [lebat] |
| | | |
| poça (f) | kubangan | [kubaŋan] |
| molhar-se (vr) | kehujanan | [kehuʤ<sup>j</sup>anan] |
| | | |
| nevoeiro (m) | kabut | [kabut] |
| de nevoeiro | berkabut | [bərkabut] |
| neve (f) | salju | [salʤ<sup>j</sup>u] |
| está a nevar | turun salju | [turun salʤ<sup>j</sup>u] |

## 173. Tempo extremo. Catástrofes naturais

| | | |
|---|---|---|
| trovoada (f) | **hujan badai** | [hudʒʲan badaj] |
| relâmpago (m) | **kilat** | [kilat] |
| relampejar (vi) | **berkilau** | [bərkilau] |
| | | |
| trovão (m) | **petir** | [petir] |
| trovejar (vi) | **bergemuruh** | [bərgemuruh] |
| está a trovejar | **bergemuruh** | [bərgemuruh] |
| | | |
| granizo (m) | **hujan es** | [hudʒʲan es] |
| está a cair granizo | **hujan es** | [hudʒʲan es] |
| | | |
| inundar (vt) | **membanjiri** | [membandʒiri] |
| inundação (f) | **banjir** | [bandʒir] |
| | | |
| terremoto (m) | **gempa bumi** | [gempa bumi] |
| abalo, tremor (m) | **gempa** | [gempa] |
| epicentro (m) | **episentrum** | [episentrum] |
| | | |
| erupção (f) | **erupsi, letusan** | [erupsi], [letusan] |
| lava (f) | **lava, lahar** | [lava], [lahar] |
| | | |
| turbilhão (m) | **puting beliung** | [putiŋ beliuŋ] |
| tornado (m) | **tornado** | [tornado] |
| tufão (m) | **topan** | [topan] |
| | | |
| furacão (m) | **topan** | [topan] |
| tempestade (f) | **badai** | [badaj] |
| tsunami (m) | **tsunami** | [tsunami] |
| | | |
| ciclone (m) | **siklon** | [siklon] |
| mau tempo (m) | **cuaca buruk** | [tʃuatʃa buruʔ] |
| incêndio (m) | **kebakaran** | [kebakaran] |
| catástrofe (f) | **bencana** | [bentʃana] |
| meteorito (m) | **meteorit** | [meteorit] |
| | | |
| avalanche (f) | **longsor** | [loŋsor] |
| deslizamento (m) de neve | **salju longsor** | [saldʒʲu loŋsor] |
| nevasca (f) | **badai salju** | [badaj saldʒʲu] |
| tempestade (f) de neve | **badai salju** | [badaj saldʒʲu] |

# Fauna

## 174. Mamíferos. Predadores

| | | |
|---|---|---|
| predador (m) | predator, pemangsa | [predator], [pemaŋsa] |
| tigre (m) | harimau | [harimau] |
| leão (m) | singa | [siŋa] |
| lobo (m) | serigala | [serigala] |
| raposa (f) | rubah | [rubah] |
| | | |
| jaguar (m) | jaguar | [dʒʲaguar] |
| leopardo (m) | leopard, macan tutul | [leopard], [matʃan tutul] |
| chita (f) | cheetah | [tʃeetah] |
| | | |
| pantera (f) | harimau kumbang | [harimau kumbaŋ] |
| puma (m) | singa gunung | [siŋa gunuŋ] |
| leopardo-das-neves (m) | harimau bintang salju | [harimau bintaŋ saldʒʲu] |
| lince (m) | lynx | [links] |
| | | |
| coiote (m) | koyote | [koyot] |
| chacal (m) | jakal | [dʒʲakal] |
| hiena (f) | hiena | [hiena] |

## 175. Animais selvagens

| | | |
|---|---|---|
| animal (m) | binatang | [binataŋ] |
| besta (f) | binatang buas | [binataŋ buas] |
| | | |
| esquilo (m) | bajing | [badʒiŋ] |
| ouriço (m) | landak susu | [landaʔ susu] |
| lebre (f) | terwelu | [tərwelu] |
| coelho (m) | kelinci | [kelintʃi] |
| | | |
| texugo (m) | luak | [luaʔ] |
| guaxinim (m) | rakun | [rakun] |
| hamster (m) | hamster | [hamster] |
| marmota (f) | marmut | [marmut] |
| | | |
| toupeira (f) | tikus mondok | [tikus mondoʔ] |
| rato (m) | tikus | [tikus] |
| ratazana (f) | tikus besar | [tikus besar] |
| morcego (m) | kelelawar | [kelelawar] |
| | | |
| arminho (m) | ermin | [ermin] |
| zibelina (f) | sabel | [sabel] |
| marta (f) | marten | [marten] |
| doninha (f) | musang | [musaŋ] |
| vison (m) | cerpelai | [tʃerpelaj] |

| castor (m) | beaver | [beaver] |
| lontra (f) | berang-berang | [bəraŋ-bəraŋ] |

| cavalo (m) | kuda | [kuda] |
| alce (m) | rusa besar | [rusa besar] |
| veado (m) | rusa | [rusa] |
| camelo (m) | unta | [unta] |

| bisão (m) | bison | [bison] |
| auroque (m) | aurochs | [oroks] |
| búfalo (m) | kerbau | [kerbau] |

| zebra (f) | kuda belang | [kuda belaŋ] |
| antílope (m) | antelop | [antelop] |
| corça (f) | kijang | [kidʒʲaŋ] |
| gamo (m) | rusa | [rusa] |
| camurça (f) | chamois | [ʃemva] |
| javali (m) | babi hutan jantan | [babi hutan dʒʲantan] |

| baleia (f) | ikan paus | [ikan paus] |
| foca (f) | anjing laut | [andʒiŋ laut] |
| morsa (f) | walrus | [walrus] |
| urso-marinho (m) | anjing laut berbulu | [andʒiŋ laut bərbulu] |
| golfinho (m) | lumba-lumba | [lumba-lumba] |

| urso (m) | beruang | [bəruaŋ] |
| urso (m) branco | beruang kutub | [bəruaŋ kutub] |
| panda (m) | panda | [panda] |

| macaco (em geral) | monyet | [monjet] |
| chimpanzé (m) | simpanse | [simpanse] |
| orangotango (m) | orang utan | [oraŋ utan] |
| gorila (m) | gorila | [gorila] |
| macaco (m) | kera | [kera] |
| gibão (m) | siamang, ungka | [siamaŋ], [uŋka] |

| elefante (m) | gajah | [gadʒʲah] |
| rinoceronte (m) | badak | [badaʔ] |
| girafa (f) | jerapah | [dʒʲerapah] |
| hipopótamo (m) | kuda nil | [kuda nil] |

| canguru (m) | kanguru | [kaŋuru] |
| coala (m) | koala | [koala] |

| mangusto (m) | garangan | [garaŋan] |
| chinchila (m) | chinchilla | [tʃintʃilla] |
| doninha-fedorenta (f) | sigung | [siguŋ] |
| porco-espinho (m) | landak | [landaʔ] |

## 176. Animais domésticos

| gata (f) | kucing betina | [kutʃiŋ betina] |
| gato (m) macho | kucing jantan | [kutʃiŋ dʒʲantan] |
| cão (m) | anjing | [andʒiŋ] |

| cavalo (m) | kuda | [kuda] |
| garanhão (m) | kuda jantan | [kuda dʒʲantan] |
| égua (f) | kuda betina | [kuda betina] |

| vaca (f) | sapi | [sapi] |
| touro (m) | sapi jantan | [sapi dʒʲantan] |
| boi (m) | lembu jantan | [lembu dʒʲantan] |

| ovelha (f) | domba | [domba] |
| carneiro (m) | domba jantan | [domba dʒʲantan] |
| cabra (f) | kambing betina | [kambiŋ betina] |
| bode (m) | kambing jantan | [kambiŋ dʒʲantan] |

| burro (m) | keledai | [keledaj] |
| mula (f) | bagal | [bagal] |

| porco (m) | babi | [babi] |
| leitão (m) | anak babi | [ana' babi] |
| coelho (m) | kelinci | [kelintʃi] |

| galinha (f) | ayam betina | [ajam betina] |
| galo (m) | ayam jago | [ajam dʒʲago] |

| pata (f) | bebek | [bebe'] |
| pato (macho) | bebek jantan | [bebe' dʒʲantan] |
| ganso (m) | angsa | [aŋsa] |

| peru (m) | kalkun jantan | [kalkun dʒʲantan] |
| perua (f) | kalkun betina | [kalkun betina] |

| animais (m pl) domésticos | binatang piaraan | [binataŋ piara'an] |
| domesticado | jinak | [dʒina'] |
| domesticar (vt) | menjinakkan | [mǝndʒina'kan] |
| criar (vt) | membiakkan | [membia'kan] |

| quinta (f) | peternakan | [peternakan] |
| aves (f pl) domésticas | unggas | [uŋgas] |
| gado (m) | ternak | [terna'] |
| rebanho (m), manada (f) | kawanan | [kawanan] |

| estábulo (m) | kandang kuda | [kandaŋ kuda] |
| pocilga (f) | kandang babi | [kandaŋ babi] |
| estábulo (m) | kandang sapi | [kandaŋ sapi] |
| coelheira (f) | sangkar kelinci | [saŋkar kelintʃi] |
| galinheiro (m) | kandang ayam | [kandaŋ ajam] |

## 177. Cães. Raças de cães

| cão (m) | anjing | [andʒiŋ] |
| cão pastor (m) | anjing gembala | [andʒiŋ gembala] |
| pastor-alemão (m) | anjing gembala jerman | [andʒiŋ gembala dʒʲerman] |
| caniche (m) | pudel | [pudel] |
| teckel (m) | anjing tekel | [andʒiŋ tekel] |
| buldogue (m) | buldog | [buldog] |

| boxer (m) | boxer | [bokser] |
| mastim (m) | Mastiff | [mastiff] |
| rottweiler (m) | Rottweiler | [rotweyler] |
| dobermann (m) | Doberman | [doberman] |

| basset (m) | Basset | [basset] |
| pastor inglês (m) | bobtail | [bobteyl] |
| dálmata (m) | Dalmatian | [dalmatian] |
| cocker spaniel (m) | Cocker Spaniel | [koker spaniel] |

| terra-nova (m) | Newfoundland | [njufaundland] |
| são-bernardo (m) | Saint Bernard | [sen bərnar] |

| husky (m) | Husky | [haski] |
| Chow-chow (m) | Chow Chow | [ʧau ʧau] |
| spitz alemão (m) | Spitz | [spits] |
| carlindogue (m) | Pug | [pag] |

## 178. Sons produzidos pelos animais

| latido (m) | salak | [sala'] |
| latir (vi) | menyalak | [mənjala'] |
| miar (vi) | mengeong | [məŋeoŋ] |
| ronronar (vi) | mendengkur | [məndeŋkur] |

| mugir (vaca) | melenguh | [meleŋuh] |
| bramir (touro) | menguak | [menua'] |
| rosnar (vi) | menggeram | [məŋgeram] |

| uivo (m) | auman | [auman] |
| uivar (vi) | mengaum | [mənaum] |
| ganir (vi) | merengek | [mereŋe'] |

| balir (vi) | mengembik | [mənembi'] |
| grunhir (porco) | menguik | [menui'] |
| guinchar (vi) | memekik | [memeki'] |

| coaxar (sapo) | berdengkang | [bərdeŋkaŋ] |
| zumbir (inseto) | mendengung | [məndeŋuŋ] |
| estridular, ziziar (vi) | mencicit | [mənʧiʧit] |

## 179. Pássaros

| pássaro (m), ave (f) | burung | [buruŋ] |
| pombo (m) | burung dara | [buruŋ dara] |
| pardal (m) | burung gereja | [buruŋ geredʒ'a] |
| chapim-real (m) | burung tit | [buruŋ tit] |
| pega-rabuda (f) | burung murai | [buruŋ muraj] |

| corvo (m) | burung raven | [buruŋ raven] |
| gralha (f) cinzenta | burung gagak | [buruŋ gaga'] |
| gralha-de-nuca-cinzenta (f) | burung gagak kecil | [buruŋ gaga' ketʃil] |

| gralha-calva (f) | burung rook | [buruŋ rooʔ] |
| pato (m) | bebek | [bebeʔ] |
| ganso (m) | angsa | [aŋsa] |
| faisão (m) | burung kuau | [buruŋ kuau] |

| águia (f) | rajawali | [radʒˡawali] |
| açor (m) | elang | [elaŋ] |
| falcão (m) | alap-alap | [alap-alap] |

| abutre (m) | hering | [heriŋ] |
| condor (m) | kondor | [kondor] |

| cisne (m) | angsa | [aŋsa] |
| grou (m) | burung jenjang | [buruŋ dʒˡendʒˡaŋ] |
| cegonha (f) | bangau | [baŋau] |

| papagaio (m) | burung nuri | [buruŋ nuri] |
| beija-flor (m) | burung kolibri | [buruŋ kolibri] |
| pavão (m) | burung merak | [buruŋ meraʔ] |

| avestruz (m) | burung unta | [buruŋ unta] |
| garça (f) | kuntul | [kuntul] |

| flamingo (m) | burung flamingo | [buruŋ flamiŋo] |
| pelicano (m) | pelikan | [pelikan] |

| rouxinol (m) | burung bulbul | [buruŋ bulbul] |
| andorinha (f) | burung walet | [buruŋ walet] |

| tordo-zornal (m) | burung jalak | [buruŋ dʒˡalaʔ] |
| tordo-músico (m) | burung jalak suren | [buruŋ dʒˡalaʔ suren] |
| melro-preto (m) | burung jalak hitam | [buruŋ dʒˡalaʔ hitam] |

| andorinhão (m) | burung apus-apus | [buruŋ apus-apus] |
| cotovia (f) | burung lark | [buruŋ larʔ] |
| codorna (f) | burung puyuh | [buruŋ puyuh] |

| pica-pau (m) | burung pelatuk | [buruŋ pelatuʔ] |
| cuco (m) | burung kukuk | [buruŋ kukuʔ] |
| coruja (f) | burung hantu | [buruŋ hantu] |
| corujão, bufo (m) | burung hantu bertanduk | [buruŋ hantu bərtanduʔ] |
| tetraz-grande (m) | burung murai kayu | [buruŋ muraj kaju] |

| tetraz-lira (m) | burung belibis hitam | [buruŋ belibis hitam] |
| perdiz-cinzenta (f) | ayam hutan | [ajam hutan] |

| estorninho (m) | burung starling | [buruŋ starliŋ] |
| canário (m) | burung kenari | [buruŋ kenari] |
| galinha-do-mato (f) | ayam hutan hazel | [ajam hutan hazel] |

| tentilhão (m) | burung chaffinch | [buruŋ tʃaffintʃ] |
| dom-fafe (m) | burung bullfinch | [buruŋ bullfintʃ] |

| gaivota (f) | burung camar | [buruŋ tʃamar] |
| albatroz (m) | albatros | [albatros] |
| pinguim (m) | penguin | [peŋuin] |

## 180. Pássaros. Canto e sons

| | | |
|---|---|---|
| cantar (vi) | **menyanyi** | [mənjanji] |
| gritar (vi) | **berteriak** | [bərteriaˀ] |
| cantar (o galo) | **berkokok** | [bərkokoˀ] |
| cocorocó (m) | **kukuruyuk** | [kukuruyuˀ] |
| cacarejar (vi) | **berkotek** | [bərkoteˀ] |
| crocitar (vi) | **berkaok-kaok** | [berkaoˀ-kaoˀ] |
| grasnar (vi) | **meleter** | [meleter] |
| piar (vi) | **berdecit** | [bərdeʧit] |
| chilrear, gorjear (vi) | **berkicau** | [bərkiʧau] |

## 181. Peixes. Animais marinhos

| | | |
|---|---|---|
| brema (f) | **ikan bream** | [ikan bream] |
| carpa (f) | **ikan karper** | [ikan karper] |
| perca (f) | **ikan tilapia** | [ikan tilapia] |
| siluro (m) | **lais junggang** | [lajs ʤʲuŋgaŋ] |
| lúcio (m) | **ikan pike** | [ikan paik] |
| salmão (m) | **salmon** | [salmon] |
| esturjão (m) | **ikan sturgeon** | [ikan sturʤʲen] |
| arenque (m) | **ikan haring** | [ikan hariŋ] |
| salmão (m) | **ikan salem** | [ikan salem] |
| cavala, sarda (f) | **ikan kembung** | [ikan kembuŋ] |
| solha (f) | **ikan sebelah** | [ikan sebelah] |
| lúcio perca (m) | **ikan seligi tenggeran** | [ikan seligi teŋgeran] |
| bacalhau (m) | **ikan kod** | [ikan kod] |
| atum (m) | **tuna** | [tuna] |
| truta (f) | **ikan forel** | [ikan forel] |
| enguia (f) | **belut** | [belut] |
| raia elétrica (f) | **ikan pari listrik** | [ikan pari listriˀ] |
| moreia (f) | **belut moray** | [belut morey] |
| piranha (f) | **ikan piranha** | [ikan piranha] |
| tubarão (m) | **ikan hiu** | [ikan hiu] |
| golfinho (m) | **lumba-lumba** | [lumba-lumba] |
| baleia (f) | **ikan paus** | [ikan paus] |
| caranguejo (m) | **kepiting** | [kepitiŋ] |
| medusa, alforreca (f) | **ubur-ubur** | [ubur-ubur] |
| polvo (m) | **gurita** | [gurita] |
| estrela-do-mar (f) | **bintang laut** | [bintaŋ laut] |
| ouriço-do-mar (m) | **landak laut** | [landaˀ laut] |
| cavalo-marinho (m) | **kuda laut** | [kuda laut] |
| ostra (f) | **tiram** | [tiram] |
| camarão (m) | **udang** | [udaŋ] |

| lavagante (m) | udang karang | [udaŋ karaŋ] |
| lagosta (f) | lobster berduri | [lobster bərduri] |

## 182. Amfíbios. Répteis

| serpente, cobra (f) | ular | [ular] |
| venenoso | berbisa | [bərbisa] |

| víbora (f) | ular viper | [ular viper] |
| cobra-capelo, naja (f) | kobra | [kobra] |
| pitão (m) | ular sanca | [ular santʃa] |
| jiboia (f) | ular boa | [ular boa] |

| cobra-de-água (f) | ular tanah | [ular tanah] |
| cascavel (f) | ular derik | [ular deriʔ] |
| anaconda (f) | ular anakonda | [ular anakonda] |

| lagarto (m) | kadal | [kadal] |
| iguana (f) | iguana | [iguana] |
| varano (m) | biawak | [biawaʔ] |
| salamandra (f) | salamander | [salamander] |
| camaleão (m) | bunglon | [buŋlon] |
| escorpião (m) | kalajengking | [kaladʒⁱeŋkiŋ] |

| tartaruga (f) | kura-kura | [kura-kura] |
| rã (f) | katak | [kataʔ] |
| sapo (m) | kodok | [kodoʔ] |
| crocodilo (m) | buaya | [buaja] |

## 183. Insetos

| inseto (m) | serangga | [seraŋga] |
| borboleta (f) | kupu-kupu | [kupu-kupu] |
| formiga (f) | semut | [semut] |
| mosca (f) | lalat | [lalat] |
| mosquito (m) | nyamuk | [njamuʔ] |
| escaravelho (m) | kumbang | [kumbaŋ] |

| vespa (f) | tawon | [tawon] |
| abelha (f) | lebah | [lebah] |
| mamangava (f) | kumbang | [kumbaŋ] |
| moscardo (m) | lalat kerbau | [lalat kerbau] |

| aranha (f) | laba-laba | [laba-laba] |
| teia (f) de aranha | sarang laba-laba | [saraŋ laba-laba] |

| libélula (f) | capung | [tʃapuŋ] |
| gafanhoto-do-campo (m) | belalang | [belalaŋ] |
| traça (f) | ngengat | [ŋeŋat] |

| barata (f) | kecoa | [ketʃoa] |
| carraça (f) | kutu | [kutu] |

| pulga (f) | kutu loncat | [kutu lontʃat] |
| borrachudo (m) | agas | [agas] |

| gafanhoto (m) | belalang | [belalaŋ] |
| caracol (m) | siput | [siput] |
| grilo (m) | jangkrik | [dʒ'aŋkri'] |
| pirilampo (m) | kunang-kunang | [kunaŋ-kunaŋ] |
| joaninha (f) | kumbang koksi | [kumbaŋ koksi] |
| besouro (m) | kumbang Cockchafer | [kumbaŋ kokʃafer] |

| sanguessuga (f) | lintah | [lintah] |
| lagarta (f) | ulat | [ulat] |
| minhoca (f) | cacing | [tʃatʃiŋ] |
| larva (f) | larva | [larva] |

## 184. Animais. Partes do corpo

| bico (m) | paruh | [paruh] |
| asas (f pl) | sayap | [sajap] |
| pata (f) | kaki | [kaki] |
| plumagem (f) | bulu-bulu | [bulu-bulu] |
| pena, pluma (f) | bulu | [bulu] |
| crista (f) | jambul | [dʒ'ambul] |

| brânquias, guelras (f pl) | insang | [insaŋ] |
| ovas (f pl) | telur ikan | [telur ikan] |
| larva (f) | larva | [larva] |
| barbatana (f) | sirip | [sirip] |
| escama (f) | sisik | [sisi'] |

| canino (m) | taring | [tariŋ] |
| pata (f) | kaki | [kaki] |
| focinho (m) | moncong | [montʃoŋ] |
| boca (f) | mulut | [mulut] |
| cauda (f), rabo (m) | ekor | [ekor] |
| bigodes (m pl) | kumis | [kumis] |

| casco (m) | tapak, kuku | [tapak], [kuku] |
| corno (m) | tanduk | [tandu'] |

| carapaça (f) | cangkang | [tʃaŋkaŋ] |
| concha (f) | kerang | [keraŋ] |
| casca (f) de ovo | kulit telur | [kulit telur] |

| pelo (m) | bulu | [bulu] |
| pele (f), couro (m) | kulit | [kulit] |

## 185. Animais. Habitats

| hábitat | habitat | [habitat] |
| migração (f) | migrasi | [migrasi] |
| montanha (f) | gunung | [gunuŋ] |

| | | |
|---|---|---|
| recife (m) | terumbu | [tərumbu] |
| falésia (f) | tebing | [tebiŋ] |
| | | |
| floresta (f) | hutan | [hutan] |
| selva (f) | rimba | [rimba] |
| savana (f) | sabana | [sabana] |
| tundra (f) | tundra | [tundra] |
| | | |
| estepe (f) | stepa | [stepa] |
| deserto (m) | gurun | [gurun] |
| oásis (m) | oasis, oase | [oasis], [oase] |
| | | |
| mar (m) | laut | [laut] |
| lago (m) | danau | [danau] |
| oceano (m) | samudra | [samudra] |
| | | |
| pântano (m) | rawa | [rawa] |
| de água doce | air tawar | [air tawar] |
| lagoa (f) | kolam | [kolam] |
| rio (m) | sungai | [suŋaj] |
| | | |
| toca (f) do urso | goa | [goa] |
| ninho (m) | sarang | [saraŋ] |
| buraco (m) de árvore | lubang pohon | [lubaŋ pohon] |
| toca (f) | lubang | [lubaŋ] |
| formigueiro (m) | sarang semut | [saraŋ semut] |

# Flora

## 186. Árvores

| | | |
|---|---|---|
| árvore (f) | pohon | [pohon] |
| decídua | daun luruh | [daun luruh] |
| conífera | pohon jarum | [pohon dʒ¦arum] |
| perene | selalu hijau | [selalu hidʒ¦au] |
| | | |
| macieira (f) | pohon apel | [pohon apel] |
| pereira (f) | pohon pir | [pohon pir] |
| cerejeira (f) | pohon ceri manis | [pohon tʃeri manis] |
| ginjeira (f) | pohon ceri asam | [pohon tʃeri asam] |
| ameixeira (f) | pohon plum | [pohon plum] |
| | | |
| bétula (f) | pohon berk | [pohon bər²] |
| carvalho (m) | pohon eik | [pohon ei²] |
| tília (f) | pohon linden | [pohon linden] |
| choupo-tremedor (m) | pohon aspen | [pohon aspen] |
| bordo (m) | pohon mapel | [pohon mapel] |
| espruce-europeu (m) | pohon den | [pohon den] |
| pinheiro (m) | pohon pinus | [pohon pinus] |
| alerce, lariço (m) | pohon larch | [pohon lartʃ] |
| abeto (m) | pohon fir | [pohon fir] |
| cedro (m) | pohon aras | [pohon aras] |
| | | |
| choupo, álamo (m) | pohon poplar | [pohon poplar] |
| tramazeira (f) | pohon rowan | [pohon rowan] |
| salgueiro (m) | pohon dedalu | [pohon dedalu] |
| amieiro (m) | pohon alder | [pohon alder] |
| faia (f) | pohon nothofagus | [pohon notofagus] |
| ulmeiro (m) | pohon elm | [pohon elm] |
| freixo (m) | pohon abu | [pohon abu] |
| castanheiro (m) | kastanye | [kastanje] |
| | | |
| magnólia (f) | magnolia | [magnolia] |
| palmeira (f) | palem | [palem] |
| cipreste (m) | pokok cipres | [poko² sipres] |
| | | |
| mangue (m) | bakau | [bakau] |
| embondeiro, baobá (m) | baobab | [baobab] |
| eucalipto (m) | kayu putih | [kaju putih] |
| sequoia (f) | sequoia | [sekuoia] |

## 187. Arbustos

| | | |
|---|---|---|
| arbusto (m) | rumpun | [rumpun] |
| arbusto (m), moita (f) | semak | [sema²] |

| | | |
|---|---|---|
| videira (f) | pohon anggur | [pohon aŋgur] |
| vinhedo (m) | kebun anggur | [kebun aŋgur] |

| | | |
|---|---|---|
| framboeseira (f) | pohon frambus | [pohon frambus] |
| groselheira-preta (f) | pohon blackcurrant | [pohon bleʔkaren] |
| groselheira-vermelha (f) | pohon redcurrant | [pohon redkaren] |
| groselheira (f) espinhosa | pohon arbei hijau | [pohon arbei hidʒⁱau] |

| | | |
|---|---|---|
| acácia (f) | pohon akasia | [pohon akasia] |
| bérberis (f) | pohon barberis | [pohon barberis] |
| jasmim (m) | melati | [melati] |

| | | |
|---|---|---|
| junípero (m) | pohon juniper | [pohon dʒⁱuniper] |
| roseira (f) | pohon mawar | [pohon mawar] |
| roseira (f) brava | pohon mawar liar | [pohon mawar liar] |

## 188. Cogumelos

| | | |
|---|---|---|
| cogumelo (m) | jamur | [dʒⁱamur] |
| cogumelo (m) comestível | jamur makanan | [dʒⁱamur makanan] |
| cogumelo (m) venenoso | jamur beracun | [dʒⁱamur beratʃun] |
| chapéu (m) | kepala jamur | [kepala dʒⁱamur] |
| pé, caule (m) | batang jamur | [bataŋ dʒⁱamur] |

| | | |
|---|---|---|
| boleto (m) | jamur boletus | [dʒⁱamur boletus] |
| boleto (m) alaranjado | jamur topi jingga | [dʒⁱamur topi dʒiŋga] |
| míscaro (m) das bétulas | jamur boletus berk | [dʒⁱamur boletus berʔ] |
| cantarela (f) | jamur chanterelle | [dʒⁱamur tʃanterelle] |
| rússula (f) | jamur rusula | [dʒⁱamur rusula] |

| | | |
|---|---|---|
| morchella (f) | jamur morel | [dʒⁱamur morel] |
| agário-das-moscas (m) | jamur Amanita muscaria | [dʒⁱamur amanita mustʃaria] |
| cicuta (f) verde | jamur topi kematian | [dʒⁱamur topi kematian] |

## 189. Frutos. Bagas

| | | |
|---|---|---|
| fruta (f) | buah | [buah] |
| frutas (f pl) | buah-buahan | [buah-buahan] |

| | | |
|---|---|---|
| maçã (f) | apel | [apel] |
| pera (f) | pir | [pir] |
| ameixa (f) | plum | [plum] |

| | | |
|---|---|---|
| morango (m) | stroberi | [stroberi] |
| ginja (f) | buah ceri asam | [buah tʃeri asam] |
| cereja (f) | buah ceri manis | [buah tʃeri manis] |
| uva (f) | buah anggur | [buah aŋgur] |

| | | |
|---|---|---|
| framboesa (f) | buah frambus | [buah frambus] |
| groselha (f) preta | blackcurrant | [bleʔkaren] |
| groselha (f) vermelha | redcurrant | [redkaren] |
| groselha (f) espinhosa | buah arbei hijau | [buah arbei hidʒⁱau] |

| | | |
|---|---|---|
| oxicoco (m) | buah kranberi | [buah kranberi] |
| laranja (f) | jeruk manis | [dʒʲeruʔ manis] |
| tangerina (f) | jeruk mandarin | [dʒʲeruʔ mandarin] |
| ananás (m) | nanas | [nanas] |
| banana (f) | pisang | [pisaŋ] |
| tâmara (f) | buah kurma | [buah kurma] |
| | | |
| limão (m) | jeruk sitrun | [dʒʲeruʔ sitrun] |
| damasco (m) | aprikot | [aprikot] |
| pêssego (m) | persik | [persiʔ] |
| kiwi (m) | kiwi | [kiwi] |
| toranja (f) | jeruk Bali | [dʒʲeruʔ bali] |
| | | |
| baga (f) | buah beri | [buah bəri] |
| bagas (f pl) | buah-buah beri | [buah-buah bəri] |
| arando (m) vermelho | buah cowberry | [buah kowberi] |
| morango-silvestre (m) | stroberi liar | [stroberi liar] |
| mirtilo (m) | buah bilberi | [buah bilberi] |

## 190. Flores. Plantas

| | | |
|---|---|---|
| flor (f) | bunga | [buŋa] |
| ramo (m) de flores | buket | [buket] |
| | | |
| rosa (f) | mawar | [mawar] |
| tulipa (f) | tulip | [tulip] |
| cravo (m) | bunga anyelir | [buŋa anjelir] |
| gladíolo (m) | bunga gladiol | [buŋa gladiol] |
| | | |
| centáurea (f) | cornflower | [kornflawa] |
| campânula (f) | bunga lonceng biru | [buŋa lontʃeŋ biru] |
| dente-de-leão (m) | dandelion | [dandelion] |
| camomila (f) | bunga margrit | [buŋa margrit] |
| | | |
| aloé (m) | lidah buaya | [lidah buaja] |
| cato (m) | kaktus | [kaktus] |
| fícus (m) | pohon ara | [pohon ara] |
| | | |
| lírio (m) | bunga lili | [buŋa lili] |
| gerânio (m) | geranium | [geranium] |
| jacinto (m) | bunga bakung lembayung | [buŋa bakuŋ lembajuŋ] |
| | | |
| mimosa (f) | putri malu | [putri malu] |
| narciso (m) | bunga narsis | [buŋa narsis] |
| capuchinha (f) | bunga nasturtium | [buŋa nasturtium] |
| | | |
| orquídea (f) | anggrek | [aŋgreʔ] |
| peónia (f) | bunga peoni | [buŋa peoni] |
| violeta (f) | bunga violet | [buŋa violet] |
| | | |
| amor-perfeito (m) | bunga pansy | [buŋa pansi] |
| não-me-esqueças (m) | bunga jangan-lupakan-daku | [buŋa dʒʲaŋan-lupakan-daku] |
| | | |
| margarida (f) | bunga desi | [buŋa desi] |

| papoula (f) | bunga madat | [buŋa madat] |
| cânhamo (m) | rami | [rami] |
| hortelã (f) | mint | [min] |

| lírio-do-vale (m) | lili lembah | [lili lembah] |
| campânula-branca (f) | bunga tetesan salju | [buŋa tetesan saldʒiu] |

| urtiga (f) | jelatang | [dʒielataŋ] |
| azeda (f) | daun sorrel | [daun sorrel] |
| nenúfar (m) | lili air | [lili air] |
| feto (m), samambaia (f) | pakis | [pakis] |
| líquen (m) | lichen | [litʃen] |

| estufa (f) | rumah kaca | [rumah katʃa] |
| relvado (m) | halaman berumput | [halaman berumput] |
| canteiro (m) de flores | bedeng bunga | [bedeŋ buŋa] |

| planta (f) | tumbuhan | [tumbuhan] |
| erva (f) | rumput | [rumput] |
| folha (f) de erva | sehelai rumput | [sehelaj rumput] |

| folha (f) | daun | [daun] |
| pétala (f) | kelopak | [kelopaʔ] |
| talo (m) | batang | [bataŋ] |
| tubérculo (m) | ubi | [ubi] |

| broto, rebento (m) | tunas | [tunas] |
| espinho (m) | duri | [duri] |

| florescer (vi) | berbunga | [berbuŋa] |
| murchar (vi) | layu | [laju] |
| cheiro (m) | bau | [bau] |
| cortar (flores) | memotong | [memotoŋ] |
| colher (uma flor) | memetik | [memetiʔ] |

## 191. Cereais, grãos

| grão (m) | biji-bijian | [bidʒi-bidʒian] |
| cereais (plantas) | padi-padian | [padi-padian] |
| espiga (f) | bulir | [bulir] |

| trigo (m) | gandum | [gandum] |
| centeio (m) | gandum hitam | [gandum hitam] |
| aveia (f) | oat | [oat] |
| milho-miúdo (m) | jawawut | [dʒiawawut] |
| cevada (f) | jelai | [dʒielaj] |

| milho (m) | jagung | [dʒiaguŋ] |
| arroz (m) | beras | [beras] |
| trigo-sarraceno (m) | buckwheat | [bakvit] |

| ervilha (f) | kacang polong | [katʃaŋ poloŋ] |
| feijão (m) | kacang buncis | [katʃaŋ buntʃis] |
| soja (f) | kacang kedelai | [katʃaŋ kedelaj] |

| lentilha (f) | **kacang lentil** | [katʃaŋ lentil] |
| fava (f) | **kacang-kacangan** | [katʃaŋ-katʃaŋan] |

# GEOGRAFIA REGIONAL

## Países. Nacionalidades

**192. Política. Governo. Parte 1**

| | | |
|---|---|---|
| política (f) | **politik** | [politiʔ] |
| político | **politis** | [politis] |
| político (m) | **politisi, politikus** | [politisi], [politikus] |
| estado (m) | **negara** | [negara] |
| cidadão (m) | **warganegara** | [warganegara] |
| cidadania (f) | **kewarganegaraan** | [kewarganegaraʔan] |
| brasão (m) de armas | **lambang negara** | [lambaŋ negara] |
| hino (m) nacional | **lagu kebangsaan** | [lagu kebaŋsaʔan] |
| governo (m) | **pemerintah** | [pemerintah] |
| Chefe (m) de Estado | **kepala negara** | [kepala negara] |
| parlamento (m) | **parlemen** | [parlemen] |
| partido (m) | **partai** | [partaj] |
| capitalismo (m) | **kapitalisme** | [kapitalisme] |
| capitalista | **kapitalis** | [kapitalis] |
| socialismo (m) | **sosialisme** | [sosialisme] |
| socialista | **sosialis** | [sosialis] |
| comunismo (m) | **komunisme** | [komunisme] |
| comunista | **komunis** | [komunis] |
| comunista (m) | **orang komunis** | [oraŋ komunis] |
| democracia (f) | **demokrasi** | [demokrasi] |
| democrata (m) | **demokrat** | [demokrat] |
| democrático | **demokratis** | [demokratis] |
| Partido (m) Democrático | **Partai Demokrasi** | [partaj demokrasi] |
| liberal (m) | **orang liberal** | [oraŋ liberal] |
| liberal | **liberal** | [liberal] |
| conservador (m) | **orang yang konservatif** | [oraŋ yaŋ konservatif] |
| conservador | **konservatif** | [konservatif] |
| república (f) | **republik** | [republiʔ] |
| republicano (m) | **pendukung Partai Republik** | [pendukuŋ partaj republiʔ] |
| Partido (m) Republicano | **Partai Republik** | [partaj republiʔ] |
| eleições (f pl) | **pemilu** | [pemilu] |
| eleger (vt) | **memilih** | [memilih] |
| eleitor (m) | **pemilih** | [pemilih] |

| campanha (f) eleitoral | kampanye pemilu | [kampane pemilu] |
| votação (f) | pemungutan suara | [pemuŋutan suara] |
| votar (vi) | memberikan suara | [memberikan suara] |
| direito (m) de voto | hak suara | [ha' suara] |

| candidato (m) | kandidat, calon | [kandidat], [ʧalon] |
| candidatar-se (vi) | mencalonkan diri | [mənʧalonkan diri] |
| campanha (f) | kampanye | [kampanje] |

| da oposição | oposisi | [oposisi] |
| oposição (f) | oposisi | [oposisi] |

| visita (f) | kunjungan | [kundʒ'uŋan] |
| visita (f) oficial | kunjungan resmi | [kundʒ'uŋan resmi] |
| internacional | internasional | [internasional] |

| negociações (f pl) | negosiasi, perundingan | [negosiasi], [pərundiŋan] |
| negociar (vi) | bernegosiasi | [bərnegosiasi] |

## 193. Política. Governo. Parte 2

| sociedade (f) | masyarakat | [maʃarakat] |
| constituição (f) | Konstitusi, Undang-Undang Dasar | [konstitusi], [undaŋ-undaŋ dasar] |

| poder (ir para o ~) | kekuasaan | [kekuasa'an] |
| corrupção (f) | korupsi | [korupsi] |

| lei (f) | hukum | [hukum] |
| legal | sah | [sah] |

| justiça (f) | keadilan | [keadilan] |
| justo | adil | [adil] |

| comité (m) | komite | [komite] |
| projeto-lei (m) | rancangan undang-undang | [ranʧaŋan undaŋ-undaŋ] |
| orçamento (m) | anggaran belanja | [aŋgaran belandʒ'a] |
| política (f) | kebijakan | [kebidʒ'akan] |
| reforma (f) | reformasi | [reformasi] |
| radical | radikal | [radikal] |

| força (f) | kuasa | [kuasa] |
| poderoso | adikuasa, berkuasa | [adikuasa], [bərkuasa] |
| partidário (m) | pendukung | [pendukuŋ] |
| influência (f) | pengaruh | [peŋaruh] |

| regime (m) | rezim | [rezim] |
| conflito (m) | konflik | [konfli'] |
| conspiração (f) | komplotan | [komplotan] |
| provocação (f) | provokasi | [provokasi] |

| derrubar (vt) | menggulingkan | [məŋguliŋkan] |
| derrube (m), queda (f) | penggulingan | [peŋguliŋan] |
| revolução (f) | revolusi | [revolusi] |
| golpe (m) de Estado | kudeta | [kudeta] |

| | | |
|---|---|---|
| golpe (m) militar | kudeta militer | [kudeta militer] |
| crise (f) | krisis | [krisis] |
| recessão (f) económica | resesi ekonomi | [resesi ekonomi] |
| manifestante (m) | pendemo | [pendemo] |
| manifestação (f) | demonstrasi | [demonstrasi] |
| lei (f) marcial | darurat militer | [darurat militer] |
| base (f) militar | pangkalan militer | [paŋkalan militer] |
| | | |
| estabilidade (f) | stabilitas | [stabilitas] |
| estável | stabil | [stabil] |
| | | |
| exploração (f) | eksploitasi | [eksploitasi] |
| explorar (vt) | mengeksploitasi | [məŋeksploitasi] |
| | | |
| racismo (m) | rasisme | [rasisme] |
| racista (m) | rasis | [rasis] |
| fascismo (m) | fasisme | [fasisme] |
| fascista (m) | fasis | [fasis] |

## 194. Países. Diversos

| | | |
|---|---|---|
| estrangeiro (m) | orang asing | [oraŋ asiŋ] |
| estrangeiro | asing | [asiŋ] |
| no estrangeiro | di luar negeri | [di luar negeri] |
| | | |
| emigrante (m) | emigran | [emigran] |
| emigração (f) | emigrasi | [emigrasi] |
| emigrar (vi) | beremigrasi | [bəremigrasi] |
| | | |
| Ocidente (m) | Barat | [barat] |
| Oriente (m) | Timur | [timur] |
| Extremo Oriente (m) | Timur Jauh | [timur ʤauh] |
| | | |
| civilização (f) | peradaban | [pəradaban] |
| humanidade (f) | umat manusia | [umat manusia] |
| mundo (m) | dunia | [dunia] |
| paz (f) | perdamaian | [pərdamajan] |
| mundial | sedunia | [sedunia] |
| | | |
| pátria (f) | tanah air | [tanah air] |
| povo (m) | rakyat | [rakjat] |
| população (f) | populasi, penduduk | [populasi], [penduduʔ] |
| gente (f) | orang-orang | [oraŋ-oraŋ] |
| nação (f) | bangsa | [baŋsa] |
| geração (f) | generasi | [generasi] |
| | | |
| território (m) | wilayah | [wilajah] |
| região (f) | kawasan | [kawasan] |
| estado (m) | negara bagian | [negara bagian] |
| | | |
| tradição (f) | tradisi | [tradisi] |
| costume (m) | adat | [adat] |
| ecologia (f) | ekologi | [ekologi] |
| índio (m) | orang Indian | [oraŋ indian] |

| cigano (m) | lelaki Gipsi | [lelaki gipsi] |
| cigana (f) | wanita Gipsi | [wanita gipsi] |
| cigano | Gipsi, Rom | [gipsi], [rom] |

| império (m) | kekaisaran | [kekajsaran] |
| colónia (f) | koloni, negeri jajahan | [koloni], [negeri dʒ¡adʒ¡ahan] |
| escravidão (f) | perbudakan | [pərbudakan] |
| invasão (f) | invasi, penyerbuan | [invasi], [penerbuan] |
| fome (f) | kelaparan, paceklik | [kelaparan], [patʃekli'] |

## 195. Grupos religiosos mais importantes. Confissões

| religião (f) | agama | [agama] |
| religioso | religius | [religius] |

| crença (f) | keyakinan, iman | [keyakinan], [iman] |
| crer (vt) | percaya | [pərtʃaja] |
| crente (m) | penganut agama | [penanut agama] |

| ateísmo (m) | ateisme | [ateisme] |
| ateu (m) | ateis | [ateis] |

| cristianismo (m) | agama Kristen | [agama kristen] |
| cristão (m) | orang Kristen | [oraŋ kristen] |
| cristão | Kristen | [kristen] |

| catolicismo (m) | agama Katolik | [agama katoli'] |
| católico (m) | orang Katolik | [oraŋ katoli'] |
| católico | Katolik | [katoli'] |

| protestantismo (m) | Protestanisme | [protestanisme] |
| Igreja (f) Protestante | Gereja Protestan | [geredʒ¡a protestan] |
| protestante (m) | Protestan | [protestan] |

| ortodoxia (f) | Kristen Ortodoks | [kristen ortodoks] |
| Igreja (f) Ortodoxa | Gereja Kristen Ortodoks | [geredʒ¡a kristen ortodoks] |
| ortodoxo (m) | Ortodoks | [ortodoks] |

| presbiterianismo (m) | Gereja Presbiterian | [geredʒ¡a presbiterian] |
| Igreja (f) Presbiteriana | Gereja Presbiterian | [geredʒ¡a presbiterian] |
| presbiteriano (m) | penganut | [penanut |
| | Gereja Presbiterian | geredʒ¡a presbiterian] |

| Igreja (f) Luterana | Gereja Lutheran | [geredʒ¡a luteran] |
| luterano (m) | pengikut Gereja Lutheran | [penikut geredʒa luteran] |

| Igreja (f) Batista | Gereja Baptis | [geredʒ¡a baptis] |
| batista (m) | penganut Gereja Baptis | [penanut geredʒ¡a baptis] |

| Igreja (f) Anglicana | Gereja Anglikan | [geredʒ¡a aŋlikan] |
| anglicano (m) | penganut Anglikanisme | [penanut aŋlikanisme] |
| mormonismo (m) | Mormonisme | [mormonisme] |
| mórmon (m) | Mormon | [mormon] |
| Judaísmo (m) | agama Yahudi | [agama yahudi] |

| | | |
|---|---|---|
| judeu (m) | orang Yahudi | [oraŋ yahudi] |
| budismo (m) | agama Buddha | [agama budda] |
| budista (m) | penganut Buddha | [peŋanut budda] |
| | | |
| hinduísmo (m) | agama Hindu | [agama hindu] |
| hindu (m) | penganut Hindu | [peŋanut hindu] |
| | | |
| Islão (m) | Islam | [islam] |
| muçulmano (m) | Muslim | [muslim] |
| muçulmano | Muslim | [muslim] |
| | | |
| Xiismo (m) | Syi'ah | [ʃi-a] |
| xiita (m) | penganut Syi'ah | [peŋanut ʃi-a] |
| sunismo (m) | Sunni | [sunni] |
| sunita (m) | ahli Sunni | [ahli sunni] |

## 196. Religiões. Padres

| | | |
|---|---|---|
| padre (m) | pendeta | [pendeta] |
| Papa (m) | Paus | [paus] |
| | | |
| monge (m) | biarawan, rahib | [biarawan], [rahib] |
| freira (f) | biarawati | [biarawati] |
| pastor (m) | pastor | [pastor] |
| | | |
| abade (m) | abbas | [abbas] |
| vigário (m) | vikaris | [vikaris] |
| bispo (m) | uskup | [uskup] |
| cardeal (m) | kardinal | [kardinal] |
| | | |
| pregador (m) | pengkhotbah | [peŋhotbah] |
| sermão (m) | khotbah | [hotbah] |
| paroquianos (pl) | ahli paroki | [ahli paroki] |
| | | |
| crente (m) | penganut agama | [peŋanut agama] |
| ateu (m) | ateis | [ateis] |

## 197. Fé. Cristianismo. Islão

| | | |
|---|---|---|
| Adão | Adam | [adam] |
| Eva | Hawa | [hawa] |
| | | |
| Deus (m) | Tuhan | [tuhan] |
| Senhor (m) | Tuhan | [tuhan] |
| Todo Poderoso (m) | Yang Maha Kuasa | [yaŋ maha kuasa] |
| | | |
| pecado (m) | dosa | [dosa] |
| pecar (vi) | berdosa | [bərdosa] |
| pecador (m) | pedosa lelaki | [pedosa lelaki] |
| pecadora (f) | pedosa wanita | [pedosa wanita] |
| inferno (m) | neraka | [neraka] |
| paraíso (m) | surga | [surga] |

| | | |
|---|---|---|
| Jesus | **Yesus** | [yesus] |
| Jesus Cristo | **Yesus Kristus** | [yesus kristus] |
| | | |
| Espírito (m) Santo | **Roh Kudus** | [roh kudus] |
| Salvador (m) | **Juru Selamat** | [dʒʲuru selamat] |
| Virgem Maria (f) | **Perawan Maria** | [pərawan maria] |
| | | |
| Diabo (m) | **Iblis** | [iblis] |
| diabólico | **setan** | [setan] |
| Satanás (m) | **setan** | [setan] |
| satânico | **setan** | [setan] |
| | | |
| anjo (m) | **malaikat** | [malajkat] |
| anjo (m) da guarda | **malaikat pelindung** | [malajkat pelinduŋ] |
| angélico | **malaikat** | [malajkat] |
| | | |
| apóstolo (m) | **rasul** | [rasul] |
| arcanjo (m) | **malaikat utama** | [malajkat utama] |
| anticristo (m) | **Antikristus** | [antikristus] |
| | | |
| Igreja (f) | **Gereja** | [geredʒʲa] |
| Bíblia (f) | **Alkitab** | [alkitab] |
| bíblico | **Alkitab** | [alkitab] |
| | | |
| Velho Testamento (m) | **Perjanjian Lama** | [pərdʒʲandʒian lama] |
| Novo Testamento (m) | **Perjanjian Baru** | [pərdʒʲandʒian baru] |
| Evangelho (m) | **Injil** | [indʒil] |
| Sagradas Escrituras (f pl) | **Kitab Suci** | [kitab sutʃi] |
| Céu (m) | **Surga** | [surga] |
| | | |
| mandamento (m) | **Perintah Allah** | [pərintah allah] |
| profeta (m) | **nabi** | [nabi] |
| profecia (f) | **ramalan** | [ramalan] |
| | | |
| Alá | **Allah** | [alah] |
| Maomé | **Muhammad** | [muhammad] |
| Corão, Alcorão (m) | **Al Quran** | [al kur'an] |
| | | |
| mesquita (f) | **masjid** | [masdʒid] |
| mulá (m) | **mullah** | [mullah] |
| oração (f) | **sembahyang, doa** | [sembahjaŋ], [doa] |
| rezar, orar (vi) | **bersembahyang, berdoa** | [bərsembahjaŋ], [bərdoa] |
| | | |
| peregrinação (f) | **ziarah** | [ziarah] |
| peregrino (m) | **peziarah** | [peziarah] |
| Meca (f) | **Mekah** | [mekah] |
| | | |
| igreja (f) | **gereja** | [geredʒʲa] |
| templo (m) | **kuil, candi** | [kuil], [tʃandi] |
| catedral (f) | **katedral** | [katedral] |
| gótico | **Gotik** | [gotiʔ] |
| sinagoga (f) | **sinagoga, kanisah** | [sinagoga], [kanisah] |
| mesquita (f) | **masjid** | [masdʒid] |
| | | |
| capela (f) | **kapel** | [kapel] |
| abadia (f) | **keabbasan** | [keabbasan] |

| convento (m) | biara | [biara] |
| mosteiro (m) | biara | [biara] |

| sino (m) | lonceng | [lontʃeŋ] |
| campanário (m) | menara lonceng | [mənara lontʃeŋ] |
| repicar (vi) | berbunyi | [bərbunji] |

| cruz (f) | salib | [salib] |
| cúpula (f) | kubah | [kubah] |
| ícone (m) | ikon | [ikon] |

| alma (f) | jiwa | [dʒiwa] |
| destino (m) | takdir | [takdir] |
| mal (m) | kejahatan | [kedʒ'ahatan] |
| bem (m) | kebaikan | [kebajkan] |

| vampiro (m) | vampir | [vampir] |
| bruxa (f) | tukang sihir | [tukaŋ sihir] |
| demónio (m) | iblis | [iblis] |
| espírito (m) | roh | [roh] |

| redenção (f) | penebusan | [penebusan] |
| redimir (vt) | menebus | [mənebus] |

| missa (f) | misa | [misa] |
| celebrar a missa | menyelenggarakan misa | [mənjeleŋgarakan misa] |
| confissão (f) | pengakuan dosa | [peɲakuan dosa] |
| confessar-se (vr) | mengaku dosa | [məɲaku dosa] |

| santo (m) | santo | [santo] |
| sagrado | suci, kudus | [sutʃi], [kudus] |
| água (f) benta | air suci | [air sutʃi] |

| ritual (m) | ritus | [ritus] |
| ritual | ritual | [ritual] |
| sacrifício (m) | pengorbangan | [peɲorbaŋan] |

| superstição (f) | takhayul | [tahajul] |
| supersticioso | bertakhayul | [bərtahajul] |
| vida (f) depois da morte | akhirat | [ahirat] |
| vida (f) eterna | hidup abadi | [hidup abadi] |

# TEMAS DIVERSOS

## 198. Várias palavras úteis

| | | |
|---|---|---|
| ajuda (f) | bantuan | [bantuan] |
| barreira (f) | rintangan | [rintaŋan] |
| base (f) | basis, dasar | [basis], [dasar] |
| categoria (f) | kategori | [kategori] |
| causa (f) | sebab | [sebab] |
| | | |
| coincidência (f) | kebetulan | [kebetulan] |
| coisa (f) | barang | [baraŋ] |
| começo (m) | permulaan | [pərmulaʾan] |
| cómodo (ex. poltrona ~a) | nyaman | [njaman] |
| comparação (f) | perbandingan | [pərbandiŋan] |
| | | |
| compensação (f) | kompensasi, ganti rugi | [kompensasi], [ganti rugi] |
| crescimento (m) | pertumbuhan | [pərtumbuhan] |
| desenvolvimento (m) | perkembangan | [pərkembaŋan] |
| diferença (f) | perbedaan | [pərbedaʾan] |
| efeito (m) | efek, pengaruh | [efek], [peŋaruh] |
| | | |
| elemento (m) | unsur | [unsur] |
| equilíbrio (m) | keseimbangan | [keseimbaŋan] |
| erro (m) | kesalahan | [kesalahan] |
| esforço (m) | usaha | [usaha] |
| estilo (m) | gaya | [gaja] |
| | | |
| exemplo (m) | contoh | [t͡ʃontoh] |
| facto (m) | fakta | [fakta] |
| fim (m) | akhir | [ahir] |
| forma (f) | bentuk, rupa | [bentuk], [rupa] |
| | | |
| frequente | kerap, sering | [kerap], [seriŋ] |
| fundo (ex. ~ verde) | latar belakang | [latar belakaŋ] |
| género (tipo) | jenis | [d͡ʒʲenis] |
| grau (m) | tingkat | [tiŋkat] |
| ideal (m) | ideal | [ideal] |
| | | |
| labirinto (m) | labirin | [labirin] |
| modo (m) | cara | [t͡ʃara] |
| momento (m) | saat, waktu | [saʾat], [waktu] |
| objeto (m) | objek | [obd͡ʒʲeʾ] |
| obstáculo (m) | rintangan | [rintaŋan] |
| | | |
| original (m) | orisinal, dokumen asli | [orisinal], [dokumen asli] |
| padrão | standar | [standar] |
| padrão (m) | standar | [standar] |
| paragem (pausa) | perhentian | [pərhentian] |
| parte (f) | bagian | [bagian] |

| | | |
|---|---|---|
| partícula (f) | partikel, bagian kecil | [partikel], [bagian ketʃil] |
| pausa (f) | istirahat | [istirahat] |
| posição (f) | posisi | [posisi] |
| princípio (m) | prinsip | [prinsip] |
| | | |
| problema (m) | masalah | [masalah] |
| processo (m) | proses | [proses] |
| progresso (m) | kemajuan | [kemadʒ ͡uan] |
| propriedade (f) | sifat | [sifat] |
| | | |
| reação (f) | reaksi | [reaksi] |
| risco (m) | risiko | [risiko] |
| ritmo (m) | tempo, laju | [tempo], [ladʒ ͡u] |
| segredo (m) | rahasia | [rahasia] |
| série (f) | rangkaian | [raŋkajan] |
| | | |
| sistema (m) | sistem | [sistem] |
| situação (f) | situasi | [situasi] |
| solução (f) | solusi, penyelesaian | [solusi], [penjelesajan] |
| tabela (f) | tabel | [tabel] |
| termo (ex. ~ técnico) | istilah | [istilah] |
| | | |
| tipo (m) | jenis | [dʒ ͡enis] |
| urgente | segera | [segera] |
| urgentemente | segera | [segera] |
| utilidade (f) | kegunaan | [keguna?an] |
| | | |
| variante (f) | varian | [varian] |
| variedade (f) | pilihan | [pilihan] |
| verdade (f) | kebenaran | [kebenaran] |
| vez (f) | giliran | [giliran] |
| zona (f) | zona | [zona] |

9 781786 165084